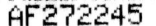

Coach Nils Müller, 2017

COLLEGE

FOOTBALL

1-0-1

*RANDBREITEN*verlag

Verlag für Sport_Literatur

Nils Müller

© 2017 RANDBREITENverlag Johannes Busley, Essen

Korrektorat: lektoratwalter, Springe

Covergestaltung: VisiCont GmbH, Berlin

Satz: VisiCont GmbH, Berlin

Herstellung: BoD – Books on Demand, Norderstedt

ISBN Taschenbuch: 978-3-947166-02-2

ISBN eBook: 978-3-947166-52-7

Kapitelübersicht

Warum College-Football?

Es nähern sich drei dunkelgrüne Busse. Die Spannung steigt ins Unermessliche. Alleine hier vor der imposanten Spielstätte stehen hunderte von Menschen und lauern erwartungsvoll und gespannt auf ihre Mannschaft.

Studenten, Alumni, Junge wie Alte reihen sich Seite an Seite auf dem riesigen Vorplatz bis sie sich letztlich zu einem Spalier aufstellen.

Fahnenschwenkende Studentinnen führen eine Show auf, wie wir sie hierzulande vielleicht aus dem Karnevalsumzug in vorderster Reihe kennen. Eine riesige Big Band mit Pauken, Trompeten und Becken, Trommeln und riesigen Xylophonen spielt ein Van-Halen-Cover, zu dem man schon beim Ertönen der ersten Klänge mitwippen möchte. Eine riesige weiße Plüschente im grün-gelben Matrosenoutfit mit markanter Mütze und überdimensionaler Sonnenbrille schlägt sich tanzend und animierend durch die Menge und versucht, die Stimmung noch weiter anzuheizen.

Ein paar hundert Meter weiter bauen gerade junge Frauen und Männer auf einer parkähnlichen Fläche und auch daneben auf dem Parkplatz Hinterlassenschaften ab, die an ein abgelaufenes Volksfest erinnern könnten. Outdoor-Spielgeräte reihen sich dort an braune Ledereier. Ganze Gartengarnituren samt Einweggeschirr und Besteck, Grills und Smoker sowie weitere

Küchenutensilien, die hier auf dem grünen Gras doch merkwürdig zu erblicken sind. Zuletzt dürfen natürlich auch die aus Filmen bekannten, typischen roten Trinkbecher mit weißem Rand, aus denen natürlich nicht nur Alkoholfreies genossen wurde, nicht fehlen. Es liegt der Geruch einer wirklich fantastischen Grillparty in der Luft, sodass einem das Wasser im Mund nur zusammenlaufen kann. Reste von Rippchen, Bacon, Pattys und Beef sowie diverser Beilagen stapeln sich auf den verbliebenen Tellern.

Na klar, der Sport begeistert die Massen und sorgt für volksfestartige Stimmung. „Tailgating", also das gemeinsame Zusammenkommen und Grillen vor einer großen Veranstaltung, wird in amerikanischen Familien ebenso zelebriert, gehört ebenso zum Spieltag, wie das eigentliche Spiel selbst. Merkwürdig ist aber, dass man sich überhaupt nicht vor einem Stadion der „Big Four", einer der großen amerikanischen Sportligen, befindet.

Gut viereinhalb Stunden Autofahrt entfernt liegt die Heimat des Football-Teams der Oregon Ducks, das Autzen Stadium, vom Century Link Field. Das wohl deutlich bekanntere Stadion beheimatet eines der beliebtesten Profi-Football-Teams in Deutschland, die Seattle Seahawks.

Die Mannschaft um Headcoach Pete Carroll, Quarterback Russell Wilson und Cornerback Richard Sherman ist damit im Staate Oregon, der über kein

eigenes NFL-Team verfügt, die Franchise „vor Ort".
Bei den Namen von Wilson, Sherman und Carroll klingelt
es in den Ohren fast aller Football-Fans. Dekoriert mit
Ringen, Pro-Bowl-Berufungen und millionenschweren
Verträgen gehören diese drei zur absoluten Elite der
National Football League.

Wöchentlich werden die Hawks weltweit vor den
Fernseh- und Radiogeräten von Millionen umjubelt. Der
„12. Mann", so nennen sich die Fans der Seahawks, ist
bekannt für seine Euphorie und lautstarke Unterstützung
der Mannschaft. Bei Spielen der Hawks schmückt eine
riesige Fahne mit einer weißen „12" auf blauem Grund
die Space Needle, das Wahrzeichen der Stadt.

Das Stadion in der größten Stadt des Nordwestens der
Vereinigten Staaten von Amerika bietet Platz für
maximal 72.000 sportbegeisterte Zuschauer. Hier wird
nicht nur Football gespielt, auch das Soccer-Team der
Seattle Sounders FC aus der Major League Soccer tritt
hier zu seinen Heimspielen an. 72.000 Zuschauer – das
sind durchaus Zahlen, die uns aus den hiesigen
Fußballstadien der Republik, ob in Dortmund oder
München, in Gelsenkirchen oder Berlin bekannt sind.
Der Profisport boomt, immer auf der Suche nach neuen
Profiten, Werbegeldern und Aufmerksamkeit, der
schieren Unendlichkeit entgegen. Auch hierzulande
pilgern Woche für Woche Hunderttausende in die
Stadien, um die Bundesligaclubs anzufeuern oder einen
schönen Tag mit der Familie zu genießen.

Auch das Autzen Stadium in Eugene fasst beachtliche 54.000 Plätze und bietet weiteren 6.000 Menschen auf Stehrängen Platz. Die Spiele sind größtenteils ausverkauft. Die Maßstäbe stimmen also. Nur vom Profisport will hier wirklich gar niemand etwas wissen.

Nun also fahren die drei Vehikel durch das Spalier, das von den Menschenmassen gebildet wurde. Auf beiden Seiten prangert ein großes gelbes „O". Als die imposanten Fahrgeräte zum Stillstand kommen und sich die Hydrauliktüren mit einem deutlich hörbaren Zischen öffnen, stellt sich ein weiteres vertrautes und doch so fremdes Bild dar.

Dort steigt jetzt Mann für Mann, ein Athlet nach dem anderen aus dem Bus, ausgestattet von Kopf bis Fuß in der hochwertigsten Montur des ortsansässigen, weltweitoperierenden Sportartikelherstellers mit dem „Swoosh". Selbstverständlich lässt sich der 1964 ebenfalls in Oregon gegründete Global Player nicht lumpen und stattet die Athleten großzügig aus. Unter allen Trainingsanzügen, Sportpolos und Jogginghosen, die selbstverständlich farblich aufeinander abgestimmt sind, zeichnen sich sportliche Körper, definierte Oberarme, enorme Brustkörbe, der eine oder andere wohlgenährte Bauch, vor allem aber massive Oberschenkel und Gesäßmuskeln ab.

Auf der linken Brust der Athleten lächelt einem das Profil der weißen Matrosenente entgegen. Es schauen einem kantige Gesichter entgegen, die fest entschlossen einer neuen Aufgabe entgegenfiebern.

Ohne Zweifel – das Team das hier aus dem Bus steigt gleicht einer Profimannschaft, wären da nicht ab und an die gefühlt sehr jungen Männer.

Und in diesem Moment kann es dann passieren, dass einem an einem bildschönen Samstagmittag inmitten dieses wahnsinnigen Sport- und Feierexzesses, inmitten von feiernden Horden, Maskottchen, Marching-Bands und Bratengeruch klar wird, dass man sich nur noch wenige Stunden vor einem Spiel einer Universitäts-Football-Mannschaft befindet. Einem Spiel, in dem die jüngsten Spieler in der Regel tatsächlich gerade mal 18, die ältesten 22 Jahre alt sind, und in dem kein einziger Spieler in irgendeiner Weise durch mehr entlohnt wird als durch das Biologie- oder Mathematik-, das Archäologie- oder Pädagogikstudium, das er unter der Woche unter Hochdruck und in Vollzeit vorantreiben muss oder zumindest sollte.

Welch ein Stolz, aber auch welch ein Druck muss auf diesen jungen Schultern lasten? Woche für Woche der Auftritt vor Millionen Zuschauern im Stadion und vor dem Fernseher. Hinter vielen der „toughen" Fassaden liegen bewegte Vergangenheiten, die wahrscheinlich unterschiedlicher nicht ausfallen könnten.

Akademische Genies stehen neben absoluten „Sport-Stipendiaten", die nur eben knapp ihre akademische Eignung für die Universität nachgewiesen haben.

Absolute „Pro-Prospects", also hochtalentierte Highschool-Sportler mit bester Aussicht auf eine große Karriere neben eher bescheiden talentierten Rollenspielern. Alle zusammengeschweißt von einem hauptamtlichen Team aus Trainern, Betreuern, Medizinern und Physiotherapeuten, aber auch ergänzt von „Waterboys", die das Team auf freiwilliger Basis auf dem Feld durch das Nachfüllen und Verteilen von Sportgetränken unterstützen. Ebenso wie die Cheerleader oder die Blaskapelle, die hier imposant auftritt, sind sie aber vor allem Kommilitonen mit denen die Spieler die gesamte Woche über gemeinsam die Schulbank drücken.

Ein Alumnus, ein Oregon Duck, wird jeder von ihnen irgendwann ein Leben lang sein. Die Spieler werden mit Freud und Leid auf ihre Studienzeit zurückblicken. Auf die harte Arbeit, die sie Tag für Tag investierten. Den Verzicht, den sie in dieser eigentlich feuchtfröhlichen, für andere partyreichen Zeit auf sich genommen haben, um Teil des Teams und dieses Spektakels gewesen zu sein. Und auch diejenigen wenigen elitären Spieler, die später einmal den großen Sprung schaffen und in einer magischen Nacht während einer medial fast überrepräsentierten Show, dem NFL-Draft, in die amerikanische Profi-Football-Liga transferiert werden, werden oft noch viel enger mit ihrer Universität verbunden und identifiziert bleiben, als sie es sich mit ihrem Profiklub je vorstellen könnten.

Und genau hier liegt die Faszination der Amerikaner für ihren Schulsport begraben: Spieler, Cheerleader, Musiker, Staff, Professoren, Studenten und Angehörige bleiben ihrer Universität ein Leben lang verbunden. Fast sektenhaft werden Motto und Logo der Alma Mater durch die Biographie getragen.

Das unter Coach Chip Kelly etablierte Motto „Win the Day" war genauso Marschroute für die Sportler beim Einzug in das Stadion, wie für die Physikstudentin vor der wichtigen Klausur. Das Spektakel, das Beisammensein vor und nach dem Spiel, der Sport an sich wird oft als „ehrlicher", als „echter" empfunden, weil die Identifikation mit der Universität „vor Ort" eben deutlich größer ist, als mit einem hochgezüchteten Sport-Franchise-Unternehmen, das im schlimmsten Fall im Zehn-Jahres-Rhythmus den Standort innerhalb des Landes wechselt, wie jüngst geschehen bei den San Diego Chargers und den St. Louis Rams, die nach Los Angeles auswanderten.

Wie genau der Sport an den amerikanischen Hochschulen funktioniert, ist dabei auf Anhieb nicht ganz so leicht zu verstehen. Universitäten sind unterschiedlichen Divisionen zugeteilt, nach deren

Regeln sie Stipendien verteilen dürfen. Spielpläne werden nach einem ausgeklügelten System entworfen und die Tabelle wird im Football nicht etwa nach einem Punktesystem à la Drei-Punkte-Sieg und Null-Punkte-Niederlage, sondern durch eine Gruppe ausgewählter Coaches und Pressevertreter ermittelt. Der „National Champion" wird in einer Playoff-Runde ausgespielt, über dessen Teilnehmer also eine Kommission entscheidet. Auf- und Abstiege zwischen den Divisionen gibt es sportlich nicht.

Die NCAA, der Dachverband des Amerikanischen Schulsportsystems, gibt strenge Reglementierungen für die Vergütung und den Studienablauf der Spieler vor, sieht sich selbst aber vor allem als Organisation, die die Interessen der Studierenden vertritt. Die jungen Männer und Frauen leben unter der ständigen Doppelbelastung, das Leben eines Profiathleten führen zu dürfen, gleichsam aber auch erfolgreich studieren zu müssen. Bereits in der Highschool beginnt ein erbitterter Konkurrenzkampf um die begrenzten Stipendien der „großen" Universitaten und andersrum buhlen natürlich auch die Universitäten um die besten Sportler des Highschool-Abschlussjahrgangs.

Es wird deutlich: auf dem Bildungsweg der Amerikaner spielt sportliches Talent eine herausragende Rolle; schwerwiegende Verletzungen im letzten Schuljahr vor dem College drohen Lebenswege komplett zu verändern.

So, wie sich die jungen Menschen in dieser bewegten Zeit des Lebens verändern, so verändert sich auch ihr sportliches Profil. Manch ein Sportler spielt nicht nur American Football, sondern auch noch Basketball oder Baseball, ist nebenbei ein begabter Musiker oder Akademiker und muss sich für eine Karriere entscheiden.

Auch innerhalb eines Sports wechseln die Positionen. Da spielt ein Highschool-Quarterback dann plötzlich Runningback am College. Ausnahmeathleten spielen auch schon einmal sowohl in Offense als auch in Defense. Das Ziel, es einmal auf die große Bühne zu schaffen, wird dabei nie aus dem Auge verloren.

Die Spielregeln des College-Footballs unterscheiden sich in Nuancen von denjenigen des Profibetriebs. Die schier unzähligen Teams spielen allerdings sehr unterschiedliche, oft vereinfachte Systeme. Die Athletik spielt eine noch viel größere Rolle als die technische Ausbildung der Spieler. Gerade hier gibt es auch von Schule zu Schule massive Unterschiede.

Das verleiht dem Ganzen einen ganz eigenen und spektakulären Touch. Spiele sind manchmal unausgeglichener, dafür punkt- und highlight-reicher. Der einzelne Spieler kann bessere Individualleistungen erzielen, weil der Wettbewerb insgesamt unausgeglichener ist.

Lamar Jackson, Heisman-Trophy-Gewinner des Jahres 2016 und Quarterback der Louisville Cardinals brachte in Woche zwei der College-Football-Saison 2017 gegen North Carolina 25 aus 39 Pässen für 393 Yards und drei Touchdowns an den Mann. Über weitere 137 Yards lief er den Ball drei Mal in die Endzone. Eine Stat-Line, die man so wohl nicht in der NFL zu sehen bekommt.

Dementsprechend gab und wird es aber auch immer nischenbegabte Spieler geben, die am College zu absoluten Stars avancieren, den endgültigen Sprung auf die große Bühne dann aber nicht oder nur bedingt schaffen. Scouts verbringen das ganze Jahr rund um die Uhr damit, die jungen Talente auszuspähen und ihre Leistung für potentielle Profiteams einzuschätzen, nur um sich dann doch spektakulär zu täuschen. Um auf Lamar Jackson zurückzukommen: Noch während der Saison 2017 stritten sich die Scouts darum, ob sein Spiel auch in der NFL Blüten tragen kann.

Es gibt eigene Legenden und „Hall-of-Famer" für den College-Bereich, sowie Geschichten, die schlichtweg nur der Schulsport schreibt.

Für den deutschen Football-Fan ist der College-Football außerdem deswegen interessant, weil er dem deutschen Sportbetrieb deutlich näherkommt als das Spiel in der National Football League. Hierzulande wird in den Ligen nach leicht abgeänderten offiziellen NCAA-College-

Regularien gespielt. Die leichter zu adaptierenden Spielsysteme können auch im hiesigen Breitensport grob eingeübt und umgesetzt werden und einen wirklichen Unterschied für einzelne Teams machen. Außerdem gleicht die Athletik der besten deutschen Spieler maximal derjenigen eines durchschnittlich-trainierten College-Sportlers. Deutschland ist hier noch absolutes Football-Entwicklungsland und die Amerikaner spotten schon einmal über den „Highschool-Speed", wenn sie Spiele der German Football League verfolgen.

Diesem ganz Eigenen also, das den NCAA-College-Football ausmacht, gilt es in den folgenden Kapiteln auf die Spur zu gehen. Es soll gezeigt werden, dass es sich hier nicht um einen zweitklassigen Abklatsch des Profibetriebs, um eine „schlechtere" Version des gleichen Sports handelt, sondern dass der amerikanische Hochschul-Football etwas ist, dass man sich ganz unabhängig von der Sonntagsplanung einmal anschauen sollte.
Wer Football liebt, der sollte College-Football lieben!

College-Football – wie funktionierst du und was sind deine schönsten Geschichten? Vielleicht macht dieses Buch ja Lust, einmal einzutauchen in dieses unheimlich faszinierende Konstrukt des NCAA-College-Footballs.

Der Dachverband, die Divisionen, der Spielplan und die Playoffs

Es brauchte erst ein Unglück auf der alleroberbsten Etage, bis dem American Football auf College-Ebene eine geordnete Struktur verliehen wurde.

Der Sohn des ehemaligen US-Präsidenten Theodore Roosevelt, Ted. Jr., besuchte nicht nur, wie es einem Präsidenten-Spross gebührte, die Elite-Universität Harvard, sondern soll auch ein passabler College-Athlet gewesen sein. Zumindest war das Berichten zufolge so, bis er sich 1902 in einem Spiel in der Ivy League, der Division der Elite-Unis, schwer verletzte. Der Präsident ließ sich also nicht lumpen und rief die bedeutendsten Vertreter aus Harvard, Princeton und Yale zusammen, um an einem runden Tisch im Weißen Haus zu überlegen, wie der College-Sport sicherer gemacht werden könnte.

Im Jahr 1906 entstand schließlich auf diese Gespräche hin die Vororganisation der NCAA, der „National Collegiate Athletic Association", die sich dann 1910 gründete.

Der Dachverband mit seinem Sitz in Indianapolis organisiert seitdem den gesamten College-Sport der Vereinigten Staaten und hat sich nach eigener Aussage ganz und gar dem Wohl der Athleten verschrieben. Fakt ist: Sportbegabte Studierende können an amerikanischen Universitäten bis zum Abschluss ihres Bachelors am offiziellen Ligabetrieb teilnehmen und werden so im Regelfall vier Jahre finanziell durch Sportstipendien gefördert. Das beinhaltet die Studiengebühren, Kost und Logis, aber auch Unterrichts- und Sportmaterialien.

Ein Football-Spieler durchläuft dabei in seiner Karriere an der Hochschule vier Etappen in vier Jahren, in denen er traditionell jeweils anders bezeichnet wird.

Er startet als Freshman, wird im zweiten Jahr zum Sophomore, im dritten zum Junior, um im letzten als Senior die College-Football-Karriere endgültig zu beenden. Natürlich gibt es talentierte Athleten, die die Universität auch schon früher verlassen, wenn sich ihnen berufliche oder gar sportliche Möglichkeiten aus den großen Profiligen eröffnen.

Angemerkt sei dabei jedoch: Wenn Studenten die Hochschule vorzeitig in Richtung einer Profiliga verlassen, dann haben sie in der Regel keinen akademischen Abschluss erlangt. Während sie diesen nach beispielsweise zwei gescheiterten Profijahren ohne Probleme nachholen könnten, müssen sie dann jedoch auf die Finanzierung durch ihr altes Stipendium verzichten.

Eine Ergänzung zu den Bezeichnungen: Oft sind es Quarterbacks, allerdings kommt es auch auf anderen Positionen vor, dass ein Spieler nicht in seinem ersten Studienjahr einen Platz im Kader ergattern kann. Dieser wird dann Redshirt genannt.

Die NCAA ordnet Colleges, ganz unabhängig übrigens von der Sportart, insgesamt drei Divisionen zu, die jeweils mit den römischen Ziffern einleuchtend betitelt sind. Wichtig ist, dass nur die Hochschulen in Division I und II ihren Sportlern Stipendien anbieten dürfen.

Der Hochschulmarkt in Amerika ist hoch divers und die Qualität der Lehre, aber auch der Sportprogramme sehr unterschiedlich. Die NCAA versucht mit einheitlichen Mindestanforderungen, vor allem für die Highschool-Abschlüsse der jungen Athleten, für eine gewisse Chancen-gleichheit zu sorgen.

Der SAT-Test (Scholastic Assessment Test) hat also schon so manchem aufstrebenden Highschool-Star aufgrund von mangelnder akademischer Eignung einen Strich durch die Sportlerkarriere gemacht. Dennoch steht das System unter argwöhnischer Beobachtung. Der Verdacht steht im Raum, dass Universitäten studentische Athleten durch ein „Studium light" schleusen, um von ihren Fähigkeiten auf dem Platz zu profitieren. ESPN berichtete 2010, wie Sportler mit sechs Semesterwochenstunden als „Vollzeitstudenten" eingestuft wurden. Außerdem seien erstaunlich viele

Sportler der Florida State University lernbehindert gewesen. Haus- und Abschlussarbeiten der Topstars würden bei dem ein oder anderen von emsigen Ghostwritern geschrieben und Professoren schauten darüber hinweg.

Die „Athletic Departments" der Unis arbeiten oft als unabhängige Institution mit eigenem Budget und Fernsehverträgen. Die Einnahmen sind dabei steuerfrei, weil sie als gemeinnützig gelten. Wie bereits beschrieben sind hunderte von Hauptamtlichen in diesen Bereichen tätig, die dazu fürstlich verdienen. Nick Saban, der Headcoach des Division-I-Football-Teams der Alabama Crimson Tide, verdient laut „USA Today" fast sieben Millionen USD jährlich. Jim Harbaugh, den es aus der Profiliga NFL zurück an die Hochschule in Michigan verschlug, sollen auch die rund neun Millionen USD Jahresgehalt zu diesem Schritt verleitet haben. Diese hochbezahlten Coaches werden natürlich für das sportliche Abschneiden des Teams entlohnt und nicht für die möglichst hohe Anzahl der guten Absolventen ihres Teams.

Natürlich stellt sich hier die Frage, ob es fair ist, dass die Vereinigten Staaten nach wie vor vielen jungen Menschen ein Studium versagen, weil sich die Familien die horrenden Gebühren des Colleges nicht leisten können, während wiederum vielleicht akademisch weniger begabte Ausnahmesportler das Studium finanziert bekommen.

Ebenso ist offensichtlich, dass es Athleten gibt, die in einem solchen System auf ihre Körperlichkeit reduziert werden. Eine Verletzung kann das Karriereaus bedeuten, nicht nur sportlich, sondern auch akademisch. Schon die eine oder andere Chance auf höhere Bildung wurde jungen Menschen deswegen nicht zuteil, weil sie sich im letzten Jahr der Highschool eine Verletzung zuzogen.

Es entsteht eine Abhängigkeit zwischen den Studenten und ihrer Alma Mater. Gerade bei denjenigen, deren Familie sich ein Studium ohne Sportstipendium niemals erlauben könnten, ist sensibel auf die Einhaltung der Regeln und auf den Erhalt der Gesundheit zu achten.

Die talentierten Spieler sind also nicht nur Nutznießer, sondern ganz entschieden auch Kapital der Hochschulen. Die Sportveranstaltungen im Rahmen des offiziellen Ligabetriebs bringen den Unis durch eine absolut professionelle Vermarktung und Millionen von Zuschauern einen wichtigen Bestandteil ihres Etats ein. Die NCAA erzielte im Jahr 2016 einen Umsatz von beinahe einer Milliarde USD. Noch einmal: Generiert werden diese Wahnsinnsgelder in der Essenz durch relativ günstige Amateurteams. Es ist Spielern strikt untersagt, in irgendeiner Form Lohn für ihr Talent zu erhalten. Zuwiderhandlungen bestraft die NCAA mit Spielsperren oder Ausschlüssen.

Unvergessen ist in diesem Zusammenhang der Skandal um den Runningback und Heisman-Trophy-Gewinner des Jahres 2005 Reggie Bush. Der im Jahr 2006 mit dem zweiten Pick zu den New Orleans Saints gedraftete College-Star stand lange im Verdacht von seiner Alma Mater, der USC (University of Southern California), unerlaubte Vorteile auch in monetärer Form erhalten zu haben. Der Skandal breitete sich auch auf andere Sportarten aus und selbst Coach Pete Carroll, der damals noch das Football-Team der USC coachte, blieb dabei nicht ganz unbescholten. Reggie Bush jedenfalls trat die Heisman Trophy, die größte Individualauszeichnung des Hochschulsports später aufgrund dieser Anschuldigung ab.

Auch die Bildung soll angeblich leiden: Amerikanischen Medienberichten zufolge sind auch unter den erfolgreichen Division-I-Schulen unbefriedigende Abschlussquoten zu verzeichnen. Im Schnitt machten beispielsweise im Jahr 2010 nur etwa 55 Prozent der Spieler des Teams der Alabama Crimson Tide einen akademischen Abschluss.

Natürlich gibt es Gegenbeispiele: Akademische Eliteuniversitäten, wie beispielsweise die Harvard University, vergeben überhaupt keine Sportstipendien, was dazu führt, dass nur die allerwenigsten ihrer Sportler den Sprung in die Profiligen schaffen. Eine Ausnahme ist beispielsweise Ryan Fitzpatrick, der seine Profilaufbahn mit großem Wirbel um seinen grandiosen IQ-Test im Rahmen des NFL-Drafts startete, jedoch sportlich nie so richtig durchgestartet ist. Schulen wie die Pennsylvania State University oder Stanford versuchen, gleichermaßen hohen Wert auf sowohl ihre Athleten zu legen als auch auf ihre sehr guten Absolventenzahlen. Im NFL-Draft 2016 wurden fünf Spieler der Stanford University gedraftet, vier weitere als Free Agents unter Vertrag genommen.

Es soll hier sicherlich nicht darum gehen, die College-Football-Welt in „gut" und „böse" zu unterteilen. Es geht vielmehr darum, auf die Ambivalenzen im System aufmerksam zu machen. Selbstverständlich gibt es auch gut ausgebildete Spieler in Alabama und „Schlendriane" auf der Penn State.

College-Football wird in den Vereinigten Staaten an Hunderten von Hochschulen gespielt. Die drei Divisionen umfassen darüber hinaus unterschiedliche Conferences, was die Landschaft insgesamt sehr unübersichtlich macht. Bei uns klingelt es am ehesten bei Teams, die in der amerikanischen Division I spielen.

Um die Verwirrung jedoch perfekt zu machen, ist die Division I unterteilt in die *Division I Football Bowl Subdivision*, abgekürzt mit dem Kürzel FBS, sowie die *Division I Football Championship Subdivision* (FCS).

Wir schauen uns in diesem Buch genauer die FBS an, die höchste amerikanische College-Football-Spielklasse. Diese ist noch einmal in zehn unterschiedliche Conferences aufgeteilt, wobei sechs davon als die

„Major Conferences" bekannt sind, die restlichen vier innerhalb der FBS als die kleineren und schwächeren Conferences gelten.

Die fünf großen Konferenzen, die ACC, die Big 12, die Big Ten, die Pac-12 und die SEC, gelten als die „Power five" und sind die Organisationen, bei denen deutsche Footballfan-Ohren hellhörig werden. Geographisch lassen sich die unterschiedlichen Conferences nur ungefähr zuordnen, so sind beispielsweise die Teams der Pac-12-Division fast durchgehend an der amerikanischen Westküste verortet. Die älteste Conference des Landes, die „Big Ten", erstreckt sich vom mittleren Westen der USA bis an die Ostküste.

Jede Conference spielt im Übrigen eine eigene Meisterschaft aus, die aber nicht in direktem Zusammenhang mit den landesweiten Playoffs steht.

Der Hauptunterschied zwischen den ersten beiden Divisionen liegt tatsächlich in den Möglichkeiten zur Vergabe ihrer Stipendien. Während es den FBS-Teams erlaubt ist, insgesamt 85 Spielern ein volles Sportstipendium zu gewähren, sind es für FCS-Teams gerade einmal 63 volle Stipendien, die sie jedoch auf maximal 85 Spieler in Teil-Stipendien aufteilen können. Beide Divisionen spielen folglich um eine andere Meisterschaft.

Das deutsche Sportherz fragt sich sicherlich: Ist ein Aufstieg oder Abstieg zwischen FBS und FCS möglich? Tatsächlich ja – nur rein sportlich kann dies nicht erreicht werden.

In den NCAA-Division-I-Regularien ist unter anderem festgesetzt, dass Schulen in der FBS nur dann antreten können, wenn sie bestimmte Voraussetzungen erfüllen. Dazu gehört unter anderem ein Auslastung von mindestens 15.000 Zuschauern bei allen Football-Heimspielen im Zeitraum von zwei Jahren. Mindestens 60 % der Football-Spiele müssen dabei gegen andere FBS-Teams ausgetragen werden, davon eine bestimmte Anzahl „zu Hause". Die Universität muss außerdem insgesamt mindestens 16 Sportarten bedienen sowie ein bestimmtes Geldvolumen in Stipendien investieren.

Mindestens 60 % der Spiele gegen andere FBS-Teams? Können die sich das denn aussuchen? Die Antwort lautet entschieden ja – und hier wird das Ganze wirklich unübersichtlich!

Die Art und Weise, wie College-Football-Teams ihre Spielpläne füllen, gehört sicherlich zu einer, für europäische Gemüter, sehr ungewohnten Praxis.

Wir wollen diese einmal beispielhaft für ein Pac-12-Team durchexerzieren – tatsächlich machen die Hochschulen die Spiele untereinander aus:
Zu Anfang also muss sich das Team nach der FBS-Regel

richten, die besagt, dass Teams Spiele in der eigenen Conference austragen müssen. In der Pac-12 beispielsweise müssen neun Spiele innerhalb der eigenen Konferenz ausgetragen werden, in manchen Jahren vier davon zu Hause, in manchen fünf.

Eine College-Football-Regular-Season besteht aus 12 Spielen und einer Bye Week. Haben also beispielsweise die Orgeon Ducks die Spiele innerhalb ihrer Conference angesetzt, so bleiben drei offene Spieltage. Die Kriterien, um diese drei Gegner zu finden, sind schier endlos: Müssen wir in diesem Jahr mal wieder gegen kleinere Schulen in unserem Staat spielen, um guten Willen zu zeigen? Wie viel zahlt wohl ESPN dafür, dass sie das Spiel übertragen dürfen? Macht uns dieser Gegner das Stadion voll? Wie teuer wird das Spiel gegen diese Mannschaft? Wollen wir nicht ohnehin in den Staat, um uns junge Highschool-Athleten anzusehen?

Zu guter Letzt sind die Mannschaften darauf angewiesen, gegen durchaus starke Gegner anzutreten, damit ihr Spielplan im Auge der Sportöffentlichkeit als nicht „zu leicht" eingestuft wird.

Am Beispiel der Ducks würde man sich wohl also für eine Formel aus neun Konferenz-Spielen, zwei starken Gegnern aus anderen Konferenzen und maximal einem kleineren Gegner entscheiden. Das Ergebnis kann dann schon einmal sein, dass kleine Schulen hart umworben werden. Der Sieg dort scheint gewiss und andersherum freuen sich jene Schulen über die guten Einnahmen durch Zuschauer, oder sogar TV-Deals. Das lässt sich ungefähr mit dem Reiz des hiesigen DFB-Pokals für niedrigklassige Mannschaften vergleichen.

Auch kann es passieren, dass es besonders gute Mannschaften kalt erwischt, weil besonders viele Gegner ihre Bye Week vor diesem wichtigen Spiel terminieren. Man stelle sich vor, die Bayern müssten andauernd bei Teams antreten, die sich in der Vorwoche eine Spielpause gegönnt haben, um sich besonders gut vorbereiten zu können.

Der College-Football-Spielplan macht ein solches Szenario durchaus möglich. Ist der Muster-Kalender also erst einmal gefüllt, müssen nur noch die nötigen Telefonate getätigt werden.

Wie finden jedoch die Mannschaften mit einem solch kruden Spielplankonzept am Ende des Jahres heraus, wer die Playoffs erreicht?

Die College-Football-Playoffs, in denen jährlich der Sieger der FBS, also der höchsten Division, ausgespielt wird, sind eine noch ziemlich junge Erfindung. Zuvor wurden die Finalisten für das Spiel um den National Champion durch landesweite Umfragen und Computer Rankings bestimmt.

Das bedeutet: Maßgeblich waren die Anzahl der Siege und die individuellen Statistiken der Teams im Verhältnis zu den individuellen Statistiken der besiegten oder siegreichen Gegner dafür verantwortlich, ob ein Team das Endspiel der College-Football-Saison erreicht. Dazu gesellten sich lauter Expertenmeinungen und Umfragen aus Sportjournalismus und dem Trainergeschäft.

Da diese Praxis nicht ganz unumstritten in den Saisons 2013 und 2014 für Tumulte sorgte, wählt nun ein 13-köpfiges Gremium bestehend aus ehemaligen Spielern, Coaches und Universitäts-Sportpräsidenten die vier Teams, die die Halbfinalspiele um die Meisterschaft ausspielen. Um hierbei eine gewisse Rotation in diesem Gremium zu erreichen, sind die Posten für jeweils drei Jahre vergeben, wobei nicht nach drei Jahren das ganze Gremium, sondern immer wieder Einzelpersonen ausgetauscht werden.

Als Semifinals dienen in Rotation die sechs ältesten und traditionellsten Bowl Games der College-Geschichte: der Rose Bowl, der Sugar Bowl, der Orange Bowl, der Cotton Bowl sowie der Fiesta und der Peach Bowl. Der Name „Bowl" ist abgeleitet vom „Rose Bowl Stadium" im Los Angeles County, das Austragungsort der ersten College-Football-Postseason-Spiele der Geschichte war.

Bei anderen als den genannten „Bowls", von denen es insgesamt 40 gibt, handelt es sich auf der FBS-Ebene „nur" um prestigereiche Freundschaftsspiele nach der eigentlichen Saison. Für die Teams sind sie deswegen attraktiv, weil sie ihnen eine extra Trainingswoche nach der Saison erlauben, die sonst aufgrund der NCAA-Regularien nicht mehr zur Verfügung stehen würde. Außerdem und nicht viel unwesentlicher ist, dass die teilnehmenden Teams an den Einnahmen beteiligt werden. Wer zu einem solchen Spiel eingeladen werden will, muss sich im Regelfall mindestens eine Bilanz von fünf Siegen zu sieben Niederlagen erspielt haben.

Auch die allseits bekannten Super Bowl und Pro Bowl sind im Übrigen benannt nach dem altehrwürdigen Football-Stadion in Pasadena.

 Die beiden Halbfinalpartien der FBS werden am letzten Samstag oder Freitag des Jahres angesetzt oder aber am 31. Dezember des Jahres, sodass College-Football-Fans in Deutschland die Silvesternacht stets mit Live-Football der Extraklasse genießen durften.

Brisant wird so selbst schon die Spielplanerstellung zum Sport für sich.

Sicherlich ließe sich auch über die Vergabe der College-Playoff-Plätze herzlich streiten, gerade dann, wenn es an der Spitze richtig eng wird. Das gesamte System bringt aber durch sein charmantes Chaos eben auch immer wieder die besonderen Geschichten hervor. Fälle, in denen ein auf dem Papier unterlegenes Team einen stärkeren Gegner schlägt, gehen als „Upsets" schon einmal direkt in die Vereinsgeschichte ein und bleiben Jahre später noch in Erinnerung.

2008 beispielsweise verloren die damals favorisierten Florida Gators unter Führung von Heisman-Trophy-Gewinner Tim Tebow das Spiel gegen die Ole Miss mit 30:31, weil er in entscheidender Situation einen 4. Versuch und 1 nicht in ein neues First Down verwandeln konnte. Nach dem Spiel schwor Tebow aufgelöst vor laufender Kamera, niemand würde im ganzen Land den Rest der Saison mit dem Kampf und Einsatz spielen wie er und die Gators. Er versprach, dass sein Team kein Spiel mehr verlieren würde, was dann auch gelang.

Wer einen gesamten College-Football-Gameday verfolgt, dem passiert es so einige Male, dass man mit dem Schauen eines Spiels beginnt und plötzlich in den sozialen Netzwerken mitbekommt, dass Favorit A gegen Underdog B deutlich zurückliegt. Hier lohnt es oft, sich zum Umschalten animieren zu lassen.

Wer hingegen ein Spiel gegen einen ebenfalls starken Kontrahenten, vielleicht sogar aus einer Nachbar-Konferenz, gewinnt, der hat schon einmal ein schlagkräftiges Argument für das Playoff-Komitee geliefert, wie es der Alabama Crimson Tide zur Eröffnung der Saison 2017 gegen die Florida State Seminoles gelungen ist.

Hier spielte das erst- gegen das drittplatzierte Team gleich zum Auftakt der Saison gegeneinander. Die Platzierungen werden vor der Saison vom „College-Football-Playoff-Komitee" festgelegt.

Der College-Football-Samstag ist so nicht nur auf das Spiel der Lieblingsmannschaft begrenzt, sondern man schaut viel motivierter auch nach links und rechts, um zu sehen, was die zahlreiche Konkurrenz auf die knappen Playoff-Plätze so treibt. Gibt's in der National Football League auch, aber eben konzentriert auf die letzten fünf bis sechs Saisonwochen. Hier zählt von Anfang an jede Begegnung.

Index

Pacific-12 Conference

Die Pac-12 ist der „Rekordsieger" unter den College-Football-Conferences. Sie vermarktet sich selbst als die „Conference of Champions", weil ihre Mitglieder zusammengenommen insgesamt mehr Meisterschaften in den Mannschaftssportarten gewonnen haben als die Teams jeder anderen Konferenz. Die Conference erstreckt sich die gesamte Westküste entlang, umfasst außerdem die Staaten Arizona und Colorado. Ebenso wie die Big Ten verfügt auch Pac-12 über außergewöhnlich viele Mitglieder der „Association of American Universities". Hier sind es acht der zwölf Mitgliedsschulen.

PAC-12
Arizona Wildcats
Arizona State Sun Devils
California Golden Bears
Colorado Buffaloes
Oregon Ducks
Oregon State Beavers
Stanford Cardinal
UCLA Bruins
USC Trojans
Utah Utes
Washington Huskies
Washington State Cougars

Big Ten Conference

Die Big Ten ist als eine der ältesten Conferences des US-amerikanischen Universitätssports auch die Liga mit den wohl traditionsreichsten Duellen im College-Football. Wenn die Michigan Wolverines auf die Ohio State Buckeyes treffen, dann kann man sich sicher sein, dass das ganze Land zuschaut.

 Lustig ist, dass die Conference trotz des Namens insgesamt vierzehn Hochschulen listet, seitdem die Penn State, die Nebraska Cornhuskers, die Terrapins und die Rutgers University nachträglich beitraten. Die Conference erstreckt sich vom mittleren Westen der USA bis an die Ostküste.

Besonders ist außerdem, dass 13 der 14 Mitglieder der Big Ten Conference außerdem Mitglieder der „Association of American Universities" sind. Dieser Verband umfasst die sechzig forschungsstärksten Universitäten des Landes, was sich natürlich auf den Prozess des Recruitings auswirkt. Diese Schulen nehmen in der Regel nur die akademisch Besten des Jahrgangs auf und sportliches Talent ist zweitrangig.

Big Ten Conference

Illinois Fighting Illini

Indiana Hoosiers

Iowa Hawkeyes

Maryland Terrapins

Michigan State Spartans

Michigan Wolverines

Minnesota Golden Gophers

Nebraska Cornhuskers

Northwestern Wildcats

Ohio State Buckeyes

Penn State Nittany Lions

Purdue Boilermakers

Rutgers Scarlet Knights

Wisconsin Badgers

Big 12 Conference

Die Big 12 ist mit ihren zehn Mitgliedsschulen und einem Gründungsdatum im Jahr 1994 eine noch sehr junge Liga in der Division I. Entstanden durch eine Fusion der ehemaligen Big Eight Conference mit vier Universitäten aus dem Bundesstaat Texas erstreckt sich die Conference über die Staaten Texas, Oklahoma, Kansas, Missouri und Iowa.

Dass die „Big 12" nur 10 Teams umfasst, hat mit einer großangelegten Umstrukturierung in den Jahren 2010-2013 zu tun. Hier verließen die Colorado, Missouri, Nebraska und Texas A&M die Division und wurden Mitglieder anderer Conferences, wohingegen West Virginia und die TCU hinzu stießen.

Big 12 Conference
Baylor Bears
Iowa State Cyclones
Kansas Jayhawks
Kansas State Wildcats
Oklahoma Sooners
Oklahoma State Cowboys
TCU Horned Frogs
Texas Longhorns
Texas Tech Red Raiders
West Virginia Mountaineers

Atlantic Coast Conference

Die Atlantic Coast Conference wurde bereits 1953 gegründet. Mit ihren vierzehn Teams ist sie ebenfalls eine der „Power Five Conferences". Ganz besonders bekannt sind die Namen der Teams einigen deutschen Footballfans vielleicht aus Spielen „ihrer" Notre Dame Figthing Irish. Das von einer Konferenz unabhängige Footballteam bestreitet je fünf Spiele pro Jahr gegen Teams aus der ACC. Die Conference erstreckt sich über die Ostküste der USA.

ACC
Boston College Eagles
Clemson Tigers
Duke Blue Devils
Florida State Seminoles
Georgia Tech Yellow Jackets
Louisville Cardinals
Miami Hurricanes
North Carolina State Wolfpack
North Carolina Tar Heels
Pittsburgh Panthers
Syracuse Orange
Virginia Cavaliers
Virginia Tech Hokies
Wake Forest Demon Deacons

Southeastern Conference

In der wohl physischsten und „härtesten" Conference des Hochschulsports werden in den vergangenen Jahren die wohl meisten Profitalente herangezüchtet. Die SEC ist mit ihren Mannschaften Dauergast in den College-Football-Playoffs, die LSU die Defensive-Back-Schmiede der Pros, die Auburn University College-Heimat von Cam Newton und die Texas A&M die Ex-Uni von First Overall Pick 2017 Myles Garrett. Die Conference wird in den Staaten Texas, Louisiana, Mississippi, Tennessee, Georgia, Florida, Kentucky, Missouri, South Carolina und Alabama ausgespielt.

SEC
Alabama Crimson Tide
Arkansas Razorbacks
Auburn Tigers
Florida Gators
Georgia Bulldogs
Kentucky Wildcats
Louisiana State Tigers
Mississippi State Bulldogs
Missouri Tigers
Ole Miss Rebels
South Carolina Gamecocks
Tennessee Volunteers
Texas A&M Aggies
Vanderbilt Commodores

American Athletic Conference

Dem einen oder anderen College Football-Veteranen vielleicht noch als „Big-East" bekannt, ist die Liga nun seit 2013 in die American Athletic Conference umbenannt. Neben den relativ bekannten Temple Owls aus Philadelphia und den Memphis Tigers, bei denen Quarterback Paxton Lynch spielte, spielen auch die Navy Midshipmen in dieser Conference.

AAC
Cincinnati Bearcats
Connecticut Huskies
East Carolina Pirates
Houston Cougars
Memphis Tigers
Navy Midshipmen
SMU Mustangs
South Florida Bulls
Temple Owls
Tulane Green Wave
Tulsa Golden Hurricane
UCF Knights

Mountain West Conference

Die Mountain West Conference ist mit ihrem Gründungsjahr 1999 eine der sehr jungen Ligen im amerikanischen Hochschulsport. Wer seine Augen einmal mit einer ganz besonderen Herausforderung konfrontieren möchte, dem kann man nur ein Spiel der Boise State Broncos empfehlen. Auf deren blauen Turf erlief einst Miami Dolphins Runningback Jay Ajayi seine College-Football Rushing-Yards. In der Saison 2017 macht außerdem der Quarterback der Wyoming Cowboys, Josh Allen, von sich Reden.

Mountain West Conference
Air Force Falcons
Boise State Broncos
Colorado State Rams
Fresno State Bulldogs
Hawaii Rainbow Warriors
Nevada Wolf Pack
New Mexico Lobos
San Diego State Aztecs
San Jose State Spartans
UNLV Rebels
Utah State Aggies
Wyoming Cowboys

Sun Belt Conference

In der Sun Belt Conference, deren Teams allesamt aus dem Süden der Vereinigten Staaten kommen, wird seit dem Jahr 2001 Football gespielt. Nach der Saison 2017 wird man die hier aufgelisteten Idaho Vandals und die New Mexico State Aggies jedoch nicht mehr sehen. Sie werden aufgrund der geographischen Entfernung aus der Division geworfen.

Sun Belt Conference
Appalachian State Mountaineers
Arkansas State Red Wolves
Coastal Carolina Chanticleers
Georgia Southern Eagles
Georgia State Panthers
Idaho Vandals
Louisiana-Lafayette Ragin' Cajuns
Louisiana-Monroe Warhawks
New Mexico State Aggies
South Alabama Jaguars
Texas State Bobcats
Troy Trojans

Conference USA

Die CUSA ist eine 1995 gegründete Division, die in den Südstaaten der USA ausgespielt wird. Die in Deutschland eher unbekannte Division hat gerade im Draft-Jahrgang 2016 durch die hervorragende Ausbildungsarbeit der Louisiana Tech Bulldogs Spieler wie Vernon Butler (DT, Carolina Panthers), Kenneth Dixon (RB, Baltimore Ravens) und Jeff Driskel (QB, San Francisco 49ers) hervorgebracht.

Conference USA
FIU Panthers
Florida Atlantic Owls
Louisiana Tech Bulldogs
Marshall Thundering Herd
Middle Tennessee Blue Raiders
North Texas Mean Green
Old Dominion Monarchs
Rice Owls
Southern Miss Golden Eagles
UAB Blazers
UTEP Miners
UTSA Roadrunners
Western Kentucky Hilltoppers

Mid-American Conference

Die MAC ist eine Conference, die vor allem in den Bundesstaaten Ohio und Illinois ausgespielt werden. Gleich neun der zwölf Mitglieds-Colleges sind hier verortet. Die anderen drei Universitäten sind in Illinois, Indiana und New York angesiedelt. Auch wenn die Teams den meisten Football-Fans eher unbekannte sind, kann sich die MAC mit einer beachtlichen „Später-Pro"-Liste schmücken. Julian Edelman (WR, New England Patriots) damals noch Quarterback, oder auch Khalil Mack (DE/OLB, Oakland Raiders) schnürten die Schuhe in dieser Conference. Kein geringerer außerdem als „Big Ben" Roethlisberger war in der Saison 2003 „MAC Offensive Player oft he Year".

Mid-American Conference
Akron Zips
Ball State Cardinals
Bowling Green Falcons
Buffalo Bulls
Central Michigan Chippewas
Eastern Michigan Eagles
Kent State Golden Flashes
Miami RedHawks
Northern Illinois Huskies
Ohio Bobcats
Temple Owls
Toledo Rockets
Western Michigan Broncos

Independents

Der aufmerksame Leser vermisst nun noch mindestens zwei Teams der obersten Football Bowl Subdivision. Die „Unabhängigen" sind Universitäten, die ihre Spielpläne nicht nach den NCAA-Regularien zusammenstellen müssen. In der Regel schließen sich jene Teams aber dem Ligabetrieb einer Conference an, um für die Bowl-Games und die College-Football-Playoffs qualifizierbar zu sein. Die Gründe für die Unabhängigkeit einzelner Schulen soll kurz erklärt werden.

Army

Während die Fernsehverträge sowie die Teilnahme an Bowl-Games für viele Schulen wichtige Teile der Werbung und dafür auch für die Einnahmen der Universitäten ausmachen, wird die United States Military Academy In West Point, New York, völlig von der US-amerikanischen Regierung finanziert.

Die Army spielt jährlich garantiert gegen die Navy und auch die Air Force, hegt außerdem eine lang gewachsene Rivalität mit den Notre Dame Fighting Irish.

Das schon oben erwähnte Army-Navy-Game, dass das letzte Regular-Season-Spiel der NCAA-Football-Saison markiert, ist dann dennoch eine große Werbung für das Programm. Selbstverständlich nutzt die Akademie das Football-Team auch zu Rekrutierungszwecken.

Ohne einen festen Spielplan innerhalb einer Konferenz ist es der Army möglich, Spiele leichter überall im Land anzutreten. Auch die Navy war einmal ein von den NCAA-Konferenzen unabhängiges Football-Programm, ist aber seit 2015 ein Teil der American Athletic Conference (AAC).

Als Gründe hierfür führten die Köpfe der Universität einerseits an, dass man sportlich konkurrenzfähig bleiben wolle, die Zugehörigkeit andererseits weitere Einnahmequellen bedeute.

Interessant ist vielleicht noch zu erwähnen, dass beide Programme, Navy und Army, nur im Football „erstklassig" sind. Alle anderen Sportarten werden in der Patriot League, einer kleineren College Division, ausgetragen.

Brigham Young University (BYU)

Die BYU ist eine konfessionelle Universität, welche von der „Kirche Jesu Christi der Heiligen Letzten Tage", hierzulande besser bekannt als die „Mormonen", geführt wird. 1875 von einem deutschen Gymnasiallehrer gegründet, spielte das Football-Programm der Schule jahrelang in der Mountain West Conference mit. Diese Division war jedoch gerade dazu bereit, der BYU weniger als zwei Millionen USD jährlich für die Übertragungen der Spiele im Mountain West Sports Network zu zahlen.

Ein neuer Fernsehdeal in Unabhängigkeit mit ESPN verspricht der Universität geschätzte 800.000 bis 1.200.000 USD pro Heimspiel. Außerdem hat die BYU nun die Möglichkeit, Spiele auch auf dem universitätseigenen Sender zu übertragen.

Massachusetts

Die University of Massachusetts, Footballfans bekannt als UMASS, spielte mit ihrem Football-Programm bis zum Jahr 2011 in der FCS. Interessant: Die Minutemen wollten das Erreichen, was eben eher selten vorkommt, sie wollten in die FBS aufsteigen. Dafür suchten sie sich die Unterstützung der oben genannten Mid-American Conference und wollten so erst einmal ausschließlich mit dem Football-Programm dort antreten. Als die MAC dann im März 2014 Ernst machte und die Verhandlungen dazu führen sollten, dass die UMASS volles Mitglied der Conference werden sollte, entschied sich die Universität abzulehnen und nach einer besseren Alternative für das Team zu suchen. Im September 2017 schließlich verkündete die Bildungseinrichtung, in den Saisons 2016 und 2017 als unabhängige Schule anzutreten.

Notre Dame

Der wohl bekannteste Independent sollten wohl die Notre Dame Fighting Irish sein. Seit der Gründung versuchte die Universität vor allem im frühen 20. Jahrhundert gleich drei Mal einer großen Conference beizutreten, was jedoch am vermeintlichen Anti-Katholizismus scheiterte. Ja, die Universität ist eine katholische Privatuniversität und wird hauptsächlich von katholischen Studierenden besucht.

Trotz der Abwesenheit in einer der großen Konferenzen erarbeitete sich das Programm über „die Jahrhunderte" einen ausgezeichneten Ruf und ist nun eines der bekanntesten Football-Programme des ganzen Landes. Damit hatte es sich sogar einen Platz in der Bowl Championship Series verdient, konnte sich also für das nationale Meisterschaftsspiel qualifizieren, wo es zuletzt erst 2012 der Alabama Crimson Tide unterlag.

Lange gelang es der Universität aufgrund lang gepflegter Rivalitäten, den Spielplan auch ohne die Zugehörigkeit zu einer Conference zu füllen. Spiele gegen die USC, die eben genannte Navy, Michigan und Michigan State, Stanford, Boston College, Purdue und Pittsburgh waren fast gesetzt.

Dem Kultstatus, den sich das Programm erarbeitet hat, hat es ebenfalls zu verdanken, dass jedes Heimspiel sowie fast jedes Auswärtsspiel im nationalen Sportfernsehen übertragen wird, was natürlich attraktiv für mögliche Gegner der Schule ist.

Im Jahr 2013 entschied sich die Universität dazu, mit allen Sportdisziplinen außer dem American Football und der Männer-Eishockey-Mannschaft der ACC beizutreten. Teil des Deals mit der Konferenz ist jedoch, dass Notre Dame dennoch mindestens fünf der Football-Spiele in jeder Saison gegen eben ACC-Teams austragen muss, was natürlich bedeutete, dass das Team auf einige Rivalitäten verzichten muss. So spielen die Fighting Irish nun nicht mehr regelmäßig gegen Michigan und Michigan State oder Purdue.

Die Athleten:
Ein Leben zwischen dem Erwachsenwerden und der Sportberühmtheit

Laut NCAA erreichen zurzeit circa 1,5% aller Absolventen eines NCAA-Football-Programms ihren großen Traum und spielen im Anschluss in der NFL. In der Saison 2015-2016 spielten landesweit 73.660 Spieler College-Football an einer von der NCAA anerkannten Universität. Nur 251 davon wurden in diesem Jahr Profis, erhielten also einen Vertrag entweder nach dem Draft oder als „Undrafted Free Agent" nach dem Draft.

Der Druck, der bereits auf Highschool-Footballern lastet, ist immens. Wer einmal durch dieses Nadelöhr gegangen ist, dass sich NFL-Draft nennt, der hat einen langen und steinigen Weg hinter sich gebracht. Nicht umsonst erleben wir mit großer Freude jedes Jahr aufs Neue das, was sich junge Leute einfallen lassen, um ihren Eintritt in die Liga zu feiern. Vom Sohnemann, der mit auf die Bühne darf, bis zum riesigen Portrait der verstorbenen Großmutter, der einst versprochen wurde, dass man es schafft.

Konkurrenz müssen die jungen Athleten dabei von Anfang an gewohnt sein. In einer Welt, die auch für die

Sportler durch Social Media, Youtube, Twitter und Co. bestimmt wird, ist der Druck sich selbst zu präsentieren sehr gewachsen. Wie oben beschrieben, haben die wirklich guten Colleges nicht unendlich viele Stipendien zu vergeben.

Die Fans lieben den Sport aber gerade für die Geschichten um diejenigen Spieler, die es von ganz unten nach ganz oben geschafft haben. Selbstverständlich, wer mit dem Sport sein Geld verdienen will, der muss mit großer Überzeugung und Motivation seinem Hobby nachgehen und braucht eben die Prozentpunkte mehr an Eigenständigkeit als andere Gleichaltrige, ganz egal, wo auf der Welt er dieses Ziel verfolgt.

Dadurch jedoch, dass es den Amerikanern am „Hobby"-Sport in organisierten Vereinen, zumindest so wie wir es kennen, erst einmal fehlt, fehlen auch außerhalb der Schule die Unterstützungsfaktoren. Schüler zu sein und gleichzeitig einer organisierten Aktivität nachzugehen, dem Sport oder dem Buchstabierclub, ist viel institutionalisierter als wir das vielleicht für deutsche Verhältnisse gewohnt sind. Gleichsam bestimmen jedoch die Aktivitäten außerhalb des Unterrichts die Identität umso mehr.

Nur wer also schon auf der Highschool das nötige Talent mitgebracht, hart gearbeitet und sich ein ansehnliches Highlight-Tape erspielt hat, das er den Colleges schicken kann, oder anderweitig auf großen zentralen Probetrainings, veranstaltet von großen Unternehmen oder ähnlichen, auffällt, hat eine Chance auf einen der begehrten Plätze. Es gibt bereits auf diesem Level landesweite Rankings der besten Highschool-Spieler. Schier unzählige Internetplattformen und Sportseiten, die den jungen Sportlern Sterne-Ratings verleihen, gehören dabei zum Wertungsinstrument.

Die jeweiligen Kriterien dafür, wie viele Sterne der Athlet erhält, sind dabei sehr unterschiedlich. So wird einem „Fünf-Sterne-Prospect" die Chance auf die „All-American-Ehre" und ein früher Absprung in den NFL-Draft vorausgesagt.

Wer mit vier Sternen bewertet ist, der sollte immerhin schon als Freshman in der Lage sein, eine wichtige Rolle für das College-Team zu spielen.

Drei Sterne sagen beispielsweise aus, dass man sein Potential bisher zu unregelmäßig zeigen konnte, aber durchaus auf lange Sicht das Potential zum FBS-Starter hätte, wohingegen ein Zwei-Sterne-Rating laut ESPN eher zu einer FCS-Karriere rät. Rekrutiert zu werden, also einen Platz in einem College-Football-Team zu ergattern, ist somit schlichtweg keine Selbstverständlichkeit und von Anfang an harte Arbeit.

Angelangt an der Hochschule sieht dann der Kalendertag eines College-Football-Spielers ein wenig anders aus als derjenige eines Studenten in Deutschland:

Nach dem Aufstehen und dem Frühstück geht es für die Sportler bereits zum ersten Mal zur Sportanlage. Mit „Anlage" sei damit auf die oft spitzenmäßig ausgestatteten Facilitys hingewiesen, wie wir sie hierzulande vielleicht von der Säbener Straße in München kennen. Entmüdungsbecken, Eiswannen, Echt- oder Kunstrasenplätze mit lackierten Yard-Markierungen, Hallen mit Physiobänken und Trainingsequipment wie bei einem NFL-Team. Ein voll ausgestattetes Gym, ein Schlaraffenland für viele junge Sportler, die teils von provinziellen Highschools zum ersten Mal überhaupt an einem Ort sind, an dem sich so umfassend und genau um sie gekümmert wird.

Die Hochschulen, aber auch die NCAA schreiben sich auf die Fahnen, die Studenten nicht nur akademisch, sondern auch sportlich auf ein möglichst professionelles Level zu bringen. Das unterscheidet sich elementar von dem Ansatz den etwa Arbeitsgemeinschaften oder der Hochschulsport an deutschen Universitäten verfolgen, in dem es vor allem um Ausgleich von der eigentlichen Arbeit geht. Hier nehmen das Studium und der Sport den jungen Menschen zu gleichen Teilen und teils unabhängig voneinander voll in die Pflicht

. So manch ein College-Coach musste schon daran erinnert werden, dass die Studenten eine wichtige Veranstaltung verpassten, weil sie zu einem Pflicht-Meeting aufkreuzen mussten.

Hier gibt es also die ersten Behandlungen: Wer verletzt ist, bekommt eine erste Kontrolle oder Physiotherapie, wer am Vortag hart trainiert hat, steigt erstmal in den Pool, um seine Regeneration anzukurbeln.

Dann beginnt der Unterricht im jeweiligen Studienfach. Jeder Sportstipendiat belegt dabei in enger Absprache mit der Universität einen Bachelorstudiengang, der einerseits natürlich seinen Neigungen entspricht, den er andererseits aber auch in der Lage ist, in der Regelstudienzeit bestmöglich abzuschließen. Die Studienberatung läuft dabei in enger Absprache mit Coaches und Verantwortlichen.

Nach den ersten Vorlesungen steht das Mittagessen an. College-Athleten haben an den großen Schulen natürlich die Möglichkeit, sich von Coaches und Ernährungsberatern eine Diät, abgestimmt auf Position und Größe, zuschneiden zu lassen. Es wird penibel auf Nährwertezufuhr und ausgewogene Ernährung geachtet. Zumindest sollte das getan werden, wenn die Karriere weitergehen soll.

Nach dem Mittagessen ist Zeit zum Lernen mit den Kommilitonen. Nicht allzu lang, denn spätestens am

Nachmittag beginnen die Teamaktivitäten. Dazu gehören Teammeetings mit dem gesamten Team, den Offense- und Defensecoaches sowie den Positionscoaches. Im Anschluss lassen sich die jungen Männer tapen und vorbereiten.

Vor jeder Trainingseinheit sind Physiotherapeuten dafür zuständig, die Athleten noch einmal auf Macken zu kontrollieren und „Wehwehchen" zu behandeln. Schuhe, Trikots, Helme, Pads und Handschuhe werden selbstverständlich von der Universität gestellt. Berichten zufolge trainieren College-Sportler wöchentlich an die 40 Stunden.

Dass da nicht mehr allzu viel Zeit zum Studieren bleibt, sollte klar sein.

Wem das alles verdächtig nach „Hard Knocks" oder „All or Nothing" plus Schulalltag klingt, der hat in etwa verstanden, welche Situation hier beschrieben werden soll. Termine mit den Medien gehören nicht für jeden, jedoch für einige Sportler ebenso zur Tagesordnung wie die bewundernden Blicke der Kommilitonen auf dem Campus.

Natürlich lassen sich die oben stehenden Beschreibungen nicht auf jeden College-Athleten in ganz Amerika übertragen. Natürlich wird in der Division I anders mit Spielern umgegangen als in der zweiten oder dritten Division und dennoch: College-Football-Spieler zu sein ist ein Fulltime-Job. Ein Job mit maximalen Anforderungen, oft in maximaler Öffentlichkeit. Diese Doppelbelastung wird dabei von Spielern erwartet, die mit 18 wohlmöglich zum ersten Mal außerhalb des eigenen Zuhauses leben und arbeiten. Wer also sportlich schnell aufsteigen will, muss sich sehr zeitig darüber klar werden, welche Anforderungen er zu erfüllen, wie er seine Prioritäten zu setzen und sein Leben zu leben hat.

Auch dafür stehen die großen Sportprogramme der amerikanischen Hochschulen: Für maximalen Einsatz und maximale Leistung gibt es die beste Förderung, die man sich als junger Sportler wünschen kann. Das hat sich auch schon in Übersee herumgesprochen. Für diejenigen jedoch, die auffällig werden, die nicht so mitziehen wie es gefordert wird, die vielleicht auch noch vom jugendlichen Leichtsinn getrieben sind, ist spätestens hier nicht mehr viel Platz. Das gilt sowohl für die sportlichen als auch für ihre akademische Perspektiven.

Wie oben bereits beschrieben dürfen College-Sportler kein Geld verdienen. Die Karriere an der Hochschule kann also auch als „Schaukasten" gesehen werden.

Was sich ein junger Athlet am besten in dieser Zeit verdienen kann, ist der Respekt bei Mit- und Gegenspielern und Scouts. Nicht umsonst sind also individuelle Auszeichnungen, etwa für den besten Linebacker, den besten offensiven Spieler der Conference oder aber der ganz große Wurf, die Heisman

Trophy für den besten nationalen College-Football-Spieler, doppelt wichtig.
Dass beispielsweise ein Heisman nicht in die National Football League gedraftet wird, kommt so gut wie nie vor.

Dem Druck bzw. den Freiheiten, die ein solches Leben also insgesamt bietet, sind lange nicht alle Spieler gewachsen. Wem ist es nicht in Erinnerung, wie der NFL-Draft 2016 überschattet wurde vom Video des Bong rauchenden und eigentlich schon sicheren First-Overall-Pick Laremy Tunsil, der dann um einige Auswahlrechte nach hinten fiel.

Zu Beginn der Saison 2017 waren gleich zehn Spieler der Florida Gators suspendiert, darunter der Starting-Runningback und der beste Wide Receiver, weil sie mit ihren Studentenausweisen Bücher aus der Schulbibliothek ausliehen und weiterverkauften, um ihre Studentenkasse aufzubessern.

Ben Simmons, der australische First-Overall-Pick der 2016er NBA-Draft der Philadelphia 76ers, sorgte für eine heiße Diskussion, weil er sich nicht länger sagen lassen wollte, er sei nur ein „normaler Student". Schon an der LSU genoss das junge Talent absoluten Star-Status und wollte so schnell wie möglich in die NBA. Den Spielern ist sehr wohl bewusst, wie viel Geld mit ihnen gemacht wird.

Was geschieht, wenn eine College-Football-Karriere im ersten Schritt scheitert, lässt sich relativ ansehnlich in der Netflix-Serie „Last Chance U" beobachten, in der in Ungnaden gefallene Division-I-Spieler einen Neuanfang am East Mississippi Community College versuchen. Wer also einmal einen kleinen Einblick in die Lebensereignisse eines College-Athleten in einer niederen Division gewinnen will, dem sei die Dokumentation ans Herz gelegt.

Der Sport:
Andere Systeme und Regeln

Im College-Football gilt ein anderes Regelwerk als in der NFL. Wichtige Unterschiede sind beispielsweise:

In den letzten Minuten jeder Halbzeit wird bei jedem First Down die Uhr gestoppt, selbst dann, wenn der Ball nicht ins Aus getragen oder der ballführende Spieler im Feld gestoppt wurde. Das kann die letzten Minuten eines Spiels noch einmal doppelt intensiv, die Crunchtime doppelt spannend machen, weil so Comebacks erleichtert werden.

Selbstverständlich gibt es so auch keine Two-Minute-Warning. Dass die Zeit nach jedem First Down gestoppt wird, ermöglicht vor allem noch einmal eine zusätzliche Taktik-Option für das Laufspiel. Während NFL-Teams im „Two-Minute-Drill", also den letzten zwei entscheidenden Minuten eines Spiels meist gänzlich auf das Laufspiel verzichten, um die Uhr nicht unnötig weiterlaufen zu lassen, kann ein effektiver Laufangriff im NCAA-College-Football auch in der Crunchtime zum Erfolg führen.

Doppelt spannend sind auch College-Football-Overtimes: Wenn jedes Team den Ball an der gegnerischen 25-Yard-Linie ohne Kickoff und großes Geplänkel erhält und das große Shootout beginnt, bleibt so manches Mal kein

Auge trocken. Hier reiht sich Redzone-Situation an Redzone-Situation. Touchdowns müssen direkt mit Touchdowns nach Ballwechsel beantwortet werden, oder es ist aus. Sollten beide Teams nicht punkten, geht es solange weiter, bis es gelingt. Sind beide Mannschaften hingegen immer wieder erfolgreich, so muss ab der dritten Overtime nach jedem Touchdown zusätzlich auch eine Two-Point Conversion versucht werden.

Es gibt also garantiert kein Unentschieden und eine Chancengleichheit, die man der NFL aufgrund des Münzwurfs am Anfang der Overtime oft abspricht. Dass das Ganze natürlich Spannung in absolut konzentriertester Form bedeutet, versteht sich von selbst.

Ein Spielzug am College endet übrigens, sobald der balltragende Spieler mit dem Knie den Boden berührt. Ganz gleich also, ob er von einem gegnerischen Spieler berührt wird oder nicht, ist er ab diesem Moment „down by contact". Bedeutend ist das vor allem dann, wenn ein Receiver auf dem freien Feld den Ball fängt und dabei stürzt. Während in der NFL also Receiver in einer solchen Situation ohne Gegnerkontakt weiterlaufen dürfen, muss der College-Athlet möglichst seine Körperkontrolle bewahren und auf den Beinen bleiben.

Ein weiterer wichtiger Unterschied ist die Catch-Regel. Viel und ausgiebig wurde in den vergangenen Jahren darüber gestritten, wann und wo in der NFL ein Catch als „complete" oder „incomplete" gewertet wird. Am College reicht es tatsächlich nach dem Fangen des Balls Kontakt mit einem Fuß im Spielfeld, damit der Raumgewinn oder Touchdown als erzielt gilt. So ist in diesem Fall die erforderte Körperkontrolle vielleicht nicht ganz so hoch wie es bei den Profis der Fall ist, es kommt aber auch viel seltener zu missverständlichen Schiedsrichterentscheidungen oder unverständlichen Regelauslegungen.

Und wo wir beim Passen sind: Die Pass Interference wird am College lediglich mit einer Raumstrafe von maximal 15 Yards vom „Previous Spot", also dem Punkt an dem der Ball am Anfang des Spielzugs lag, sanktioniert. Ein Unterschied zur NFL, in der es immer dort weitergeht, wo das Foul begangen wurde, auch wenn der Spot 50 Yards entfernt liegt. Selbstverständlich ist also die defensive Pass-Interference durchaus ein taktisches Mittel, um deutlich längere, sicher geglaubte Pässe zu verhindern.

Dies sind nur einige sehr wichtige Regelunterschiede zur NFL. Das genauere Interesse kann mit einem Blick in die offiziellen NCAA-Football-Regularien gestillt werden, aber auch ein Durchschmökern des Regelwerks des American Football Verbandes Deutschland ist durchaus lohnenswert. Wer sich nämlich mit den Regeln des

College-Footballs ausgezeichnet auskennt, der könnte ohne weitere Probleme einen Schiedsrichterlehrgang in Deutschland bestehen. Spieler und Coaches auch hierzulande müssen sich also am (marginal abgeänderten) College-Regelwerk orientieren, wenn sie unseren Sport lernen und lehren.

Eine Orientierung am College-Football sei deutschen Aktiven aber natürlich auch aus anderen Gründen dringendst empfohlen. Ohne jeden Zweifel ist der Sport weniger athletisch und taktisch weniger anspruchsvoll als das professionelle Pendant. Das Anforderungsprofil der NFL verlangt von jedem Spieler ein möglichst allumfassendes Paket an Fähigkeiten auf einer Position. Er soll groß und stark, schwer und schnell sein.

So soll beispielsweise ein Defensive Lineman nicht nur ein aggressiver und pfeilschneller Pass-Rusher sein, der den Quarterback jagt, sondern auch ein massiger Betonmischer, der den Lauf direkt an der Line stoppt. Spieler hingegen, die mehrere Positionen spielen, wie es in der Highschool oder auch dem College durchaus üblich ist, weil es ihnen ihre athletische Veranlagung erlaubt, werden schnell als „Tweener" verschrien, als Spieler, die alles ein bisschen, jedoch nichts richtig können. Im Umkehrschluss braucht die NFL nur in den wenigsten Fällen Spieler, die auf einem Gebiet ganz besonders hervorstechen. Hier hat der College-Football ein Herz für die Nische.

Einem Quarterback beispielsweise, der den Ball nicht weiter als 40 Yards werfen kann, dafür aber pfeilschnell ist und runningbackeske Moves mitbringt, wäre in der NFL wohl keine große Karriere beschieden, am College hingegen gibt es durchaus erfolgreiche Spielsysteme, die genau dieses Skillset von einem Quarterback fordern.

Ein Offensive Lineman, der einen unheimlichen Vorwärtspush im Laufspiel garantiert, dafür aber wahnsinnige Probleme in der Pass-Protection hat, wäre in der NFL nicht zu gebrauchen, bei einem überwiegend lauforientierten Team in der FBS hingegen aber vielleicht goldrichtig.

Ein gutes Beispiel für diesen Umstand ist die Karriere des Kansas City Chiefs Wide Receivers und Return-Spezialisten sowie ehemaligen Oregon Ducks Standouts De'Anthony Thomas. Thomas, der seinen Spitznamen „Black Mamba" von niemand geringerem als Snoop Dogg erhalten haben soll, spielte schon in der Highschool alle Positionen für die ordentlich Dampf unterm Kessel benötigt wurde. Er war ein hochtalentierter Spieler auf Runningback-, Defensive Back- sowie Wide Receiverposition. Im Jahr 2013 wurde der ebenfalls leichtathletisch sehr begabte und pfeilschnelle Thomas ins All-American Division-I-4x100m-Staffelteam berufen. Am Ende seiner College-Football-Karriere war er dekoriert mit Auszeichnungen und außerdem einer der erfolgreichsten Runningbacks, die das Football-Programm der University of Oregon je hervorgebracht hat. Es ist auf Highlight-Tapes beinahe bizarr zu sehen, wie Thomas mit ganzen Verteidigungslinien aufgrund des großen athletischen Unterschieds umgeht, als wären sie Peewee-Footballer (dem amerikanischen Pendant zu den Minikickern).

Ausgewählt wurde Thomas im NFL-Draft 2014 in Runde vier als insgesamt 124. Spieler seines Jahrgangs. Thomas' Problem ist dabei schlicht seine Größe und sein Gewicht, das den NFL-Maßstäben für Runningbacks nicht genügt. So reicht es für „Black Mamba" Stand 2017 eben nur zur Nischenrolle als Punt- und Kickreturner, sowie Slot-Receiver in bestimmten Formationen. Natürlich nicht schlecht, aber nicht zu vergleichen mit der Rolle, die Thomas, der „Schnellste Mann im Football" (Sports Illustrated), einst für sein Team am College gespielt hat.

College-Football-Teams bilden also ihre sportlichen Identitäten auch und gerade durch das System aus, das sie spielen. Danach richten sie dementsprechend auch ihren Rekrutierungsprozess für neue Spieler aus.

So bietet der Sport insgesamt eine viel größere Variation und Breite an Football-Systemen. Während die NFL-Teams im Grunde ähnliche Systeme spielen, heißt es also am Samstagmittag: Verschiedene Systeme für verschiedene Spielertypen.

Die College-Mannschaft der US-Navy kommt auch schon einmal eine gesamte Football-Partie komplett ohne Passversuch aus. Wofür dann einen Quarterback suchen, der einen Raketenarm hat?

Das, was die Georgia Tech unter Headcoach Paul Johnson seit 2008 bis heute (Stand 2017) spielt, erinnert manchmal an ein Hütchenspiel: Unterschiedlichste Laufspielzüge unterscheiden sich in so kleinen Nuancen, dass für die gegnerische Defense überhaupt nicht klar ist, wer nun den Ball tatsächlich gerade trägt und wer es nur vorgibt zu tun. Der Quarterback muss also weniger entscheiden, welchem seiner Receiver er den Ball im offenen Feld zuspielt, sondern eher, welche seiner Optionen für die Ballübergabe er am sinnvollsten nutzt.

Natürlich, die größeren und oft auch erfolgreicheren Programme adaptieren Spielsysteme, die denen der Profis sehr ähneln, und dennoch bleibt auch ihr Spiel weiterhin sehr fehleranfällig.

Quarterback Mitchell Trubisky, der im Jahr 2017 von der University of North Carolina an zweiter Stelle zu den Chicago Bears gedraftet wurde, spielte am College zwar in einer „Pro-Style"-Offense, musste aber tatsächlich erst komplett neu lernen, den Ball vom Center per Snap direkt zu empfangen. Er hatte jahrelang nur aus der „Shotgun" gespielt, in der er den Ball über eine 5-Yard-Distanz zugespielt bekommt.

Selbst in den besten Division-I-Teams des NCAA-Football gibt es also Spieler, die nicht alle Fähigkeiten mitbringen, die am Ende zur vollsten Ausübung eines NFL-Playbooks ausreichen.

Aktive deutsche Football-Enthusiasten finden in ihrem Roster selten den neuen J. J. Watt oder einen heimlichen Tom Brady vor. Der NCAA-Football kann hier als Inspiration dienen, wie man aus den Fähigkeiten und Talenten, die man tatsächlich auf dem Trainingsplatz vereinen kann, das optimale herausholt. So kann der Blick auf die spezialisierten Systeme durchaus eine Anregung auch für die eigene Mannschaft sein.

Das fällt gerade dann auf, wenn man einen Blick auf die wohl wichtigste Position im American Football wirft. Viele der in Deutschland aktiven GFL-Quarterbacks sind Amerikaner, die ehemals mehr oder minder erfolgreich in niedrigen College-Divisionen oder an der Highschool ihr Handwerk erlernt haben.

Die Komplexität der Position erfordert es von deutschen Jugendspielern, schon ganz früh sehr viel Arbeit und Fleiß in das Erlernen der Position und des Sports insgesamt zu stecken. Hier steckt die deutsche Jugendarbeit noch in absoluten Kinderschuhen. Erfahrene deutsche Quarterback-Coaches sind außerdem leider Mangelware.

Gerade unterklassige Vereine in Deutschland haben weder die Mittel, einen amerikanischen Alumnus einfliegen zu lassen, noch verfügen sie manchmal über das große Talent in der Jugendabteilung, das einem in absehbarer Zeit Pässe wie ein Aaron Rodgers beschert.

Die NFL hingegen ist eine Liga der Quarterbacks, in der das erfolgreiche Passspiel eine extrem übergeordnete Rolle spielt. Es gibt natürlich großartige Spieler auf anderen Positionen, die ihren Ruhm und Reichtum völlig zu Recht genießen können, jedoch läuft ohne einen „Franchise-Quarterback" in der höchsten Spielklasse des American Football nicht viel. Für diesen Spielertypus sind Teams bereit, Haus und Hof abzugeben oder sogar ganze Saisons absichtlich an den Nagel zu hängen, zu „tanken" und absichtlich zu verlieren, um im Folgejahr in der Draft-Reihenfolge nach oben zu rutschen und damit die wertvolle Möglichkeit zu erhalten, einen solchen Spieler zu draften.

Als Beweis sei angeführt, dass die vergangenen 17 Super Bowls seit der Jahrtausendwende allesamt von nur zehn unterschiedlichen Quarterbacks gewonnen wurden. Tom Brady, Ben Roethlisberger sowie die Geschwister Peyton und Eli Manning gewannen dabei gleich mehrfach. Ganz anders sieht das am College aus: Vince Young, Matt Leinart, Tim Tebow, Matt Flynn – das alles sind Quarterbacks, die die nationale Meisterschaft im College-Football gewannen und dann später keine große Rolle in der National Football League spielten. Selbst der

Quarterback des Top-Teams der Alabama Crimson Tide, der gleich zwei Mal die Meisterschaft als Starter gewann, A. J. McCarron, spielt nun in Cincinnati bei den Bengals hinter Starter Andy Dalton nur die zweite Geige. Dabei spielt Alabama durchaus ein pro-ähnliches System – der Baustein „Quarterback" ist aber schlichtweg nicht so überproportional tragend, wie er es für eine NFL-Mannschaft ist.

Gerade die Crimson Tide ist auch immer schon für ihre Ausnahmeathleten in beiden Fronten und für ihr herausragendes Laufspiel bekannt.

Hier kommt nun ein weiterer Punkt zum Tragen, der beachtet werden muss: Die Alabama Crimson Tide ist eine Produktionsmaschinerie für NFL-Runningbacks. Mark Ingram, Trent Richardson, Eddie Lacy, Derrick Henry, Kenyan Drake – alle haben ihre Schuhe in Tuscaloosa geschnürt und den roten Helm mit der weißen Zahl übergestreift. Alle waren am College absolute Stars und bei fast allen führte die College-Karriere in einer der härtesten Conferences im College-Football auch zu einer erfolgreichen Profikarriere.

Gerade bei Derrick Henry (1,91 m) und dem aktuellen Runningback Bo Scarborough (1,88 m) fällt dabei auf, dass die körperliche Überlegenheit am College einfach eine viel größere Rolle spielt, als es das in der NFL tut. Die großen Division-I-Programme genießen durch die oben beschriebenen Stipendien-Regularien einen massiven Vorteil bei der Rekrutierung und haben so oft eine bessere Chance auf die noch sehr jungen, dafür aber surreal austrainierten Jungfootballer.

Die Regel „You can't teach size" ist unter amerikanischen Coaches eine absolute Binsenweisheit. Damit ist gemeint, dass die technische Ausbildung auf den Positionen ganz klar zweitrangig ist, wenn es darum geht zu evaluieren, ob ein Spieler geeignet für das Team ist.

Der körperliche Rahmen, den der Spieler mitbringt, ist weitaus wichtiger. Außerdem aber auch, ob der junge Mann schon seit Jahren den Fleiß an den Eisen zeigt und von Gott mit einer beträchtlichen Körpergröße gesegnet wurde. Bezeichnend also der Wieg- und Messtermin vor der NFL-Draft, bei dem ähnlich einer Viehschau College-Athleten in engen Trainingsleggins und oberkörperfrei in einen großen Bankettsaal geführt werden, um ihre Körper begutachten zu lassen.

Für den College-Football heißt das, dass es gerade in den Divisionen der wirklich großen Football-Programme auch körperlich anspruchsvoll, und nachhaltig „verschleißend" zugeht. Bei jungen Athleten, die beispielsweise als Runningback oder Linebacker von Alabama gedraftet werden, weiß man, wie viele Kilometer sie bereits „auf dem Tacho" haben.

Erst 2017 fielen die absoluten Top-Talente, Defensive End Jonathan Allen und Linebacker Reuben Foster, um einige Plätze in der NFL-Draft nach unten, weil man eben nicht genau wusste, ob bei den verletzungsgeplagten Spielern trotz der grandiosen College-Karrieren noch langfristig genug Power im Tank zu erwarten sei.

Genau diese Power jedoch sucht die NFL. Wenn sich die Teams um etwas nur noch unterschwellig Sorgen machen wollen, dann ist es die körperliche Grundausstattung der jungen Sportler. Gewiss, viele Athleten transformieren sich in den ersten zwei Jahren Profifootball noch einmal gewaltig, doch die National Football League sucht Talente, die bis dato schon bewiesen haben, dass sie den Ehrgeiz haben, sich schnell auf die vorgeschriebenen Körpermaße zu essen, zu trainieren und auch den natürlichen Rahmen dafür mitbringen.

Wer bei maximalem Gewicht und maximaler Kraft noch die maximale Schnellig- und Beweglichkeit mitbringt, dem ist ganz unabhängig von der Technik eher eine Profikarriere beschieden, als es eben andersrum der Fall wäre. Der Feinschliff, der also in den Trainingscamps im Sommer in den Teamaktivitäten der NFL vorgenommen wird, ist vor allem taktischer und technischer Natur.

Exkurs: Zone Read
Wie 2012 ein Stück
College-Football in die NFL kam

Ganz exemplarisch soll nun ein offensives Football-Konzept vorgestellt werden, das in den vergangenen Jahren dafür gesorgt hat, dass NFL-Coaches zurück an die Hochschulen gegangen sind, um sich bei den dortigen Übungsleitern nach der besten Verteidigungstaktik zu erkundigen. Tatsächlich hat dieses Konzept dafür gesorgt, dass Defense-Koordinatoren bleibend verwirrt geblieben, und zwei blutjungen College-Sportlern fantastische Saisons beschieden waren.

Im Jahr 2012 ging ein kleiner, jedoch prägender Ruck durch die „stärkste Liga" der Welt. Der spätere „Offensive Rookie of the Year" und Heisman-Trophy-Gewinner aus der College Saison 2011, Quarterback Robert Griffin III der Baylor University, wird neben Andrew Luck ganz vorn in der ersten Runde gedraftet.

Die vielversprechendere Karriere sollte nach den bisherigen Vorzeichen wohl Andrew Luck haben, einen Super-Bowl-Ring fährt jedoch bereits ein Jahr später ein anderer, dritter offensiver Spielführer ein, der erst 73 Auswahlrechte später in der dritten Runde gedraftet wird.

Ein für die NFL eigentlich viel zu kleiner (1,80 m), dafür mit überdurchschnittlicher Mobilität gesegneter Starter und Big-Ten-Conference-Gewinner der Wisconsin Badgers. Natürlich ist die Rede von Russell Wilson, Quarterback der Seattle Seahawks.

Mit Wilson und Griffin flammte ein Trend neu auf, der in der Geschichte der National Football League durchaus schon immer mal wieder dagewesen ist. Mobile Quarterbacks hat es in der NFL immer gegeben.

Donovan McNabb, der seine Philadelphia Eagles mit einem starken Arm, aber eben auch schnellen Füßen zur ersten Super-Bowl-Teilnahme seit 24 Jahren spielte.

Michael Vick, der aufgrund seiner illegalen Hundekämpfe sicherlich einen Schatten auf seine Karriere gelegt hat, die bei den Atlanta Falcons so explosiv startete und ihn zum Phänomen machten, und auch der allererste Quarterback der NFL-Geschichte war, der in der Saison 2006 über 1.000 Yards erlief.

Steve Young, Randall Cunningham und Fran Tarkenton - Legenden die nicht nur einen wunderbaren Pass warfen, sondern eben auch richtig gut „zu Fuß" waren.

Griffin und Wilson brachten also einmal erneut ein ganz ähnliches Fähigkeiten-Tableau mit in die Liga und die zwei Karrieren zeigen in diesem Punkt sehr gut den

Unterschied zwischen dem NCAA- und dem Profifootball.

Der Trend des vorwiegend mobilen Quarterbacks hat sich auf oberster Etage nie langfristig durchgesetzt. Erst 1978 erließ die National Football League die Regel, dass Wide Receiver jenseits der 5-Yard-Linie nicht mehr direkt am Laufen einer Route oder dem Erlaufen eines Balles gehindert werden dürfen. Eine National Football League ohne Pass Interference? Kaum vorstellbar!

Die Entwicklung hin zu einer Pass-Liga, in der heute solche Catches, wie der von Odell Beckham Jr. gegen die Dallas Cowboys in der Saison 2014 überhaupt erst möglich sind, ist vollzogen. Natürlich gibt es solche Catches und die enormen Raumgewinne durch möglichst lange Pässe nicht ohne einen „Signal-Caller", der einen starken und genauen Arm mitbringt und diesen auch möglichst langfristig und zuverlässig einsetzen kann.

Die Prioritäten sind also anders verteilt: In der Liga der „Franchise-Quarterbacks" soll ein Tom Brady, die Manning-Brüder oder Ben Roethlisberger möglichst lange gesund bleiben und Pässe werfen. Dafür jedoch ist der Körperkontakt mit 150 Kilogramm schweren Defensive Linemen wohl eher abträglich. Es ist also seitens der NFL-Coaches überhaupt nicht gewollt, dass der in der Regel bestbezahlte Spieler, der einen solchen Wert für das ganze Team hat, allzu häufig in den Kontakt geht.

Sowohl Russell Wilson als auch Robert Griffin hatten also eine Umstellung zu bewältigen. Beide Quarterbacks lebten von ihrer überragenden Mobilität und erzielten an der Hochschule massig Yards und Touchdowns auch über den Fußweg, vor allem aber scheuten sie den Kontakt nicht.

Es sollte vor allem der mit schlankem Rahmen ausgestattete und sprintstarke Robert Griffin sein, der versuchte, Tackles von austrainierten NFL-Profis genauso zu brechen, wie er das Jahre zuvor am College praktiziert hatte.

Seine Rekordsaison 2012 endete mit einer schlimm anzusehenden Kreuzbandverletzung im Wild-Card-Playoff-Spiel gegen ausgerechnet Wilson und die Seahawks, seinem letzten wirklich wichtigen Spieleinsatz seither. Wenn auch sicherlich das nicht der einzige Grund für die wankende Karriere des RGIII war, so waren Griffins Schwierigkeiten bei der Anpassung seines Spiels offensichtlich.

Russell Wilson hingegen lernte mit seiner Mobilität umzugehen, rutschte vor nahendem Kontakt über den Boden, was ihn nach Regeln vor einem Hit beschützte, und entwickelte sich außerdem zum kompletteren Passspieler aus der „Pocket", also dem Bereich, der dem Quarterback von seinen Linemen freigeblockt wird.

Der Spielzug, der diese Spieler in Saison 2012 hingegen so wahnsinnig erfolgreich gemacht hat, unterscheidet die beiden Spieler noch einmal von ihren „mobilen Vorfahren".

Ja, es hat immer mobile Quarterbacks gegeben. Diese wussten sich aber meist dann mit ihren schnellen Beinen zu behelfen, wenn sie im Feld keine passende Anspielstation gefunden hatten. Wilson und Griffin hingegen brachten das Zone-Read-Konzept, auch bekannt als Read-Option, in den NFL-Mainstream. Ein Spielzug, der nun immer öfter auch wieder am Sonntagabend zu sehen ist, der aber vor allem am College gespielt wird.

Der Kern dieses Konzeptes ist es, einen Spieler ungeblockt auf den Moment der Ballabgabe zwischen Runningback und Quarterback zulaufen zu lassen, damit der QB entscheiden kann, ob er den Ball abgibt, was seine erste Option ist, oder den Ball nur vortäuscht zu übergeben und selbst durch das entstandene Loch wegläuft, durch das der gelinkte Verteidiger gekommen ist. Wenn natürlich ein Verteidiger einfach von der Line „durchgelassen" wird, hat die Offense noch dazu einen Blockvorteil.

Ein perfekt ausgeführtes Beispiel für diese Beschreibung ist das Play der Seattle Seahawks im NFC-Titelspiel im Jahr 2014 gegen die Green Bay Packers. Im vierten Quarter mit noch 2 Minuten und 15 Sekunden auf der

Uhr ist es Julius Peppers, der sich austricksen lässt und Russell Wilson zieht den Ball im richtigen Moment aus der Ballübergabe zu Marshawn Lynch heraus und läuft unberührt in die Endzone zum 19:13 Zwischenstand.

Der Spielzug ist gerade für den Quarterback nicht nur sehr anspruchsvoll, weil er im Bruchteil einer Sekunde entscheiden muss, ob er abgibt oder selbst geht. Die Read-Option ist außerdem gehörig riskant: Man stelle sich vor, ein weniger athletisch begabter Quarterback zieht den Ball, obwohl der durchgelassene Verteidiger lauert.

Wer also bei der nächsten Football-Session mit den KollegInnen auf der Couch am Sonntag einen solchen Spielzug auch zum Beispiel von Tyrod Taylor, Quarterback der Buffalo Bills, oder auch Deshone Kizer von den Browns oder Marcus Mariota von den Titans sehen sollte und mehr davon will, dem empfehle ich wärmstens den Blick auf das Football-Geschehen am Samstag.

Traditionen und Rituale

Der deutsche Bundesligafan ist sozialromantisch veranlagt. Vereine, wie der FC Schalke 04, werben mit der Arbeitermentalität der alten Bergbautage, Dortmunds Ex-Trainer Jürgen Klopp lief jahrelang mit einer „Pöhler"-Mütze die Seitenline auf und ab und bekundete damit doch zumindest indirekt seine Sympathie zum hiesigen Bolzplatz. Der Einlauf des eigenen Teams, die „Liturgie des Stadionbesuchs", also die genaue Abfolge der Ereignisse an einem typischen Bundesliga-Samstagnachmittag, die geht dem ein oder anderen genauso in Fleisch und Blut über wie die Morgenroutine nach dem Aufstehen.

Die Identifikation mit dem eigenen Verein ist dementsprechend groß. Eine Niederlage am Wochenende verhagelt so manchem Arbeitnehmer den Montag im Büro oder auf der Baustelle. Gefühlt noch bevor das erste Wort gesprochen werden kann, bekommen Kinder schon den schwarz-gelben oder blau-weißen Schnuller in den Mund geschoben. Die „richtige" Vereinsliebe gehört an vielen Orten in Deutschland zum Erziehungsauftrag.

Die NFL tut sich hier schwer. Klar, es wird einem von Anfang bis Ende eine riesige Show geboten, jedoch kann man die berechtigte Frage stellen, ob die Rahmenbedingungen rund um die milliardenschweren Sportfranchises wirklich glaubwürdig gewachsene Traditionen und Authentizität zulassen.

Die Los Angeles Rams, gegründet im Jahr 1936 als die Cleveland Rams, haben Stand 2017 an drei unterschiedlichen Standorten gespielt. Von 1946 bis 1994 zog man zum ersten Mal in die Stadt der Engel, spielte von 1995 bis 2015 in St. Louis, nur um nun ab 2016 wieder zurück in LA zu landen.

Auch die San Diego Chargers zogen 2017 in die kalifornische Metropole, um sich in diesem gewaltigen Markt einen Platz an der Sonne zu ergattern. 2020 steht ein planmäßiger Umzug der Oakland Raiders, dem Team mit der wohl verrücktesten Fan-Base der NFL, nach Las Vegas bevor.

Wie geht es dann weiter mit den Fans des „Black Hole", mit ihren Darth-Vader-Kostümen und den mit Spikes und Totenköpfen besetzten Shoulder Pads? Wirklich Einfluss haben sie auf jene „Konzernentscheidungen" jedenfalls nicht.

Unterhält man sich also mit deutschen Sportfans am Tresen über die amerikanischen Profiligen, muss man sich wohl sehr schnell die völlige Kommerzialisierung des

Sports und die ständigen Relocations der Teams vorwerfen lassen.

Hier helfen dann zwei Einsichten relativ flott weiter: Einerseits, dass der völlig aufgeblähte europäische Fußballbetrieb wohl nicht erst seit dem Wahnsinnstransfer Neymars in 2017 zu Paris Saint Germain auch als durchaus kommerziell bezeichnet werden darf, andererseits, dass die Amerikaner gar nicht darauf kämen, ihre Profiligen seien traditionelle Einrichtungen.

Die National Basketball Association (NBA), die National Football League (NFL), die National Hockey League (NHL) und die Major League Baseball (MLB) sind dazu geschaffen, Sport auf allerhöchstem Niveau zu bieten und daraus den maximalen Profit zu generieren. Nicht umsonst ist darum das Geld wichtiger Teil des Spiels und des Regelwerks geworden. Während also die New England Patriots Jahr für Jahr beweisen müssen, dass sie weiterhin die Spitze des Footballsports sind, dürfen sie dabei nicht in anderen Vereinen wildern.

NFL-Verträge sind nicht bloße Scheinpapiere, die dem amtierenden Arbeitgeber eine höhere Ablösesumme versprechen, „Salary Caps", also Gehaltslimits versprechen zumindest finanzielle Ausgeglichenheit zwischen den Vereinen.

Die Karriere des durchschnittlichen NFL-Profis dauert drei Jahre. Welcher Verein ihm in diesen drei Jahren das Gehalt überweist, ist bei zumindest den meisten Spielern eher zweitrangig.

Wem das also nach zu wenig Identifikation, nach zu viel Geschäft klingt, dem sei der Blick in die NCAA ernsthaft ans Herz gelegt.

Der Universitätsbesuch in den Vereinigten Staaten kostet die meisten neben einer gehörigen Menge Geld nicht nur viel Arbeit und Zeit, er beschert den Studenten durch sein ausgeprägtes Campusleben in den Unistädten auch eine wahnsinnig bereichernde und prägende Zeit. Zu dieser Zeit gehört für die Footballfans, aber auch für jene die „einfach dabei sein" wollen, zwangsläufig das hauseigene Footballteam.

Egal ob Studenten, Lehrkräfte, Hausmeister, Angestellte oder Absolventen – am Samstagmittag treffen sich Menschen aus allen Milieus im Stadion, um die eine Gemeinsamkeit, die gemeinsame Universität, anzufeuern und zu feiern. Die Traditionen und Rituale die dabei entstanden, sind älter als so mancher NFL-Club und machen den College-Football in manchem Auge so viel emotionaler als die NFL.

Die Colorado Buffaloes beispielsweise, benannt nach dem größten Landsäugetier Amerikas, werden beim Einlauf seit 1934 von „Ralphie the Buffalo" begleitet.

Wer nun an einen, wie bei den Houston Texans, als Stier gekleideten Vereinsangestellten denkt, den muss ich leider enttäuschen: Die Colorado Buffaloes laufen tatsächlich mit einem 40 km/h schnellen Ungetüm ein, das von vier studentischen Athleten durch das Stadion geführt wird. Ralphie ist dabei, wahrscheinlich zum Glück dieser Athleten, vor allem aber aus Versicherungsgründen, ein weibliches Exemplar dieser Spezies, was sie jedoch nicht daran hinderte, schon so einige „Handler" aus den Latschen zu hauen. Von Übergriffen auf das gegnerische Team ist jedoch nichts weiter bekannt.

Ein weiteres ergreifendes Ereignis spielt sich ab, wenn Häuptling Osceola auf seinem schwarz gescheckten Schimmel in das Stadion der Florida State University einreitet und den mit Federn geschmückten Speer in die Mitte des Footballfeldes rammt.

Wer sich in irgendeiner Weise dem schaurig-schönen Aufstellen der Nackenhaare verweigern kann, das aufkommt, wenn die Seminoles in Begleitung von 80.000 grölenden Besuchern, die in Begleitung mit den Armen einen Tomahawk mimen, einlaufen, der ist schon von der ganz harten Sorte. Beim „Tomahawk Chop" ist die Gänsehaut garantiert.

Neben den traditionellen Echt-Maskottchen sind es auch die besonders traditionsreichen Matchups, die die Amerikaner begeistern. Der jährliche Wettbewerb zwischen der U.S. Army und der U.S. Navy Mitte-Dezember (seit 1980) in Philadelphia beispielsweise als die Verkörperung all dessen, was amerikanische Kultur und College-Football ausmacht. Eine sicherlich überspitzte Schilderung, und dennoch kann man sich vielleicht vorstellen, wie sich der ohnehin schon übermäßige amerikanische Patriotismus auf diese Sportveranstaltung auswirkt, die von Kampfhelikoptern eingeleitet wird und deren Athleten schon sehr bald gemeinsam im Militär dienen werden. Hier stehen nicht nur sprichwörtlich zwei Teams aus Kameraden auf dem Feld. Das Spiel markiert das letzte Spiel der Regular Season der NCAA-College-Football-Saison.

Ein weiteres beeindruckendes Ritual spielt sich seit 1936 in Ohio ab. Hier sorgt in den Halbzeiten der College-Spiele der Ohio State Buckeyes die 225-köpfige Marching-Band der Universität mit aufwendigen Choreographien und beeindruckenden musikalischen Darbietungen Marschmusik vom allerfeinsten. Nicht nur der Tribut an die Pop-Legende Michael Jackson inklusive legendärem Moonwalk vom 19.10.2013 erfreut sich bei Youtube allergrößter Beliebtheit.

Ein weiterer viraler Hit sind sicherlich auch die umherspringenden Studenten, die damit auf das Abspielen des Songs „Jump Around" von House of Pain zu Beginn des vierten Quarters noch einmal alles aus den müden Sportlerkörpern „herausmotivieren" wollen.

Zu guter Letzt soll noch auf eine Tradition hingewiesen werden, die den meisten Zuschauern sicherlich zumindest indirekt schon einmal aufgefallen ist. Merkwürdig erscheint es auf den ersten Blick, dass die Helme der College-Football-Spieler teils unterschiedlich aussehen.

Die Teams verleihen oft kleine Sticker als Orden für individuelle Leistungen. Egal also, ob fantastischer Pass, ein großartiger Blockeinsatz oder der entscheidende Turnover im vergangenen Spiel – all diese Leistungen könnten schon im nächsten Spiel in Form eines kleinen Tomahawks (FSU) oder eines kleinen Blattes (OSU) auf dem Helm erscheinen.

Rivalitäten

Wenn die Philadelphia Eagles in der NFL an einem Sonntag in der NFC East auf einen Divisionsgegner treffen, also die New York Giants, die Washington Redskins oder die Dallas Cowboys, dann wird das dem gemeinen Footballfan schon einmal als Rivalität verkauft.

Natürlich, wenn man bestimmte Gegner häufiger bespielt, so wie es in der National Football League innerhalb der Divisionen der Fall ist, dann bilden sich ganz besondere Storys heraus, so wie das „Miracle at the Meadowlands" in Woche 15 der NFL-Saison 2010.

Die New York Giants führten im vierten Quarter 31:10, nur um dann noch, durch vier Touchdowns der Eagles in Folge und vor allem durch einen legendären Punt-Return von Desean Jackson in der letzten Sekunde, mit 38:31 zu verlieren.

Am 24.09.2017 freuten sich die Eagles-Fans diebisch darüber, als man die Giants in letzter Sekunde mit einem 61-Yard-Field-Goal (dem längsten der Franchise-Historie) von Rookie Kicker Jake Elliott besiegte und sie somit in den 0-3 Saisonstart stürzte.

Dennoch – College-Football-Rivalitäten haben eine andere Qualität. Die National Football League wurde 1920 gegründet, wobei noch lange nicht alle Franchises so hießen oder dort lokalisiert waren, wie wir das heute kennen.

Die ersten College-Rivalitäten hingegen gehen zurück in das späte 19. Jahrhundert. Ein paar der besonderen Geschichten, die diese Rivalitäten schreiben, sollen hier erzählt werden.

<u>Alabama Crimson Tide – Auburn Tigers</u> (Alabama, 44 Siege, 35 Niederlagen, 1 Remis)

Zwei Stunden und 39 Minuten Autofahrt trennt die Auburn University von der University of Alabama in Tuscaloosa. Für amerikanische Verhältnisse ein Katzensprung. Im Staate Alabama im Südosten der USA gibt es nur zwei legitime Schlachtrufe: „Roll Tide" oder „War Eagle". Entweder man ist ein Fan der notorisch-erfolgreichen Crimson Tide oder man brennt für die Auburn University, welche ihre Wurzeln in der agrarkulturellen Bildung hat und die Arroganz des „großen Bruders" missachtet.

Gerade, weil es in dem Südstaat überhaupt kein ortsansässiges Team der Major-Leagues (NBA, NFL, MLB …) gibt, ist das Football-Spiel zwischen Auburn und

Alabama eine Religion. Ein Pfarrer des ehemaligen Alabama-Coaches Bill Curry soll eins gesagt haben es sei sogar wichtiger als diese Das Spiel war jeweils so hart umkämpft und emotional aufgeladen, dass sich die Schulen sogar dazu entschieden, 41 Jahre lang nicht mehr gegeneinander zu spielen.

Als man letztlich doch wieder gegeneinander antrat, tat man dies auf neutralem Boden, in Birmingham. Der „Iron Bowl" war geboren, weil gerade Birmingham bekannt war für seine industrielle Kultur rundum die Stahlindustrie.

Inzwischen (Stand 2017) spielt man wieder gegeneinander in den jeweiligen Stadien, was jedoch nichts von der Brisanz weggenommen hat. Fans beider Teams feiern einen Sieg leidenschaftlich und eine Niederlage bedeutet ein volles Jahr voll Häme und Spott von Arbeitskollegen, Mitschülern und auch Familienmitgliedern.

Diese Rivalität schrieb eine der unglaublichsten Geschichten der letzten Jahre:
Eine einzige Sekunde im vierten Quarter verblieb der Alabama Crimson Tide auf der gegnerischen 57-Yard-Linie. Ein Field Goal sollte es richten im „Iron Bowl", dem Spiel gegen die Auburn Tigers bei einem Spielstand von 28:28.

Wir schreiben das Jahr 2013 und befinden uns im Spiel um die Nationale Meisterschaft im College-Football. Kicker Cade Foster tritt an, um die Tide in diesem doppelt aufgeladenen Spiel zum Sieg zu schießen, hat jedoch nicht genug Kraft im Bein. Das Ei fliegt ins letzte Viertel der Endzone, wo es knapp vor der Out-of-Bounds-Linie von Returner Chris Davis gefangen wird.

Der Rest ging in die Geschichtsbücher ein. Davis trug den Ball über 108 Yards an den übrigen 21 Spielern vorbei in die gegnerische Endzone und entschied so den wohl bedeutendsten „Iron Bowl" der vergangenen Jahre für die Auburn Tigers, die sich Nationale Champions nennen durften. Zurück blieb eine elektrisierte Masse, ungläubige Gesichter der Spieler und Morddrohungen an Kicker Cade Foster.

Michigan Wolverines – Ohio State (Michigan, 58 Siege, 48 Niederlagen, 6 Remis)

Die einen sagen, es sei ein großes Märchen. Diejenigen, die selbst dort gewesen sind schwören, es sei eine wahre Geschichte. Als die Ohio State Buckeyes im Jahr 1968 ihren letzten Touchdown gegen die Michigan Wolverines zum 50:14 erzielten, ordnete Coach Woody Hayes an, das Team solle für zwei Extrapunkte gehen.

Als er im Anschluss befragt wurde, warum er dies unnötigerweise überhaupt getan hat, antwortete er: „Weil sie mich nicht für drei Extrapunkte gehen lassen!" Der Hass, den der Coach für „das Team im Norden", wie er es nannte, hegte, war legendär. Jedes Jahr seit 1900, mit der Ausnahme des Zeitraums von 1913–1917, spielen die Teams gegeneinander.

Das erste Spiel zwischen den Kontrahenten wurde bereits 1897 ausgetragen und die Begegnungen sind seither zu einem festen Termin im Kalender der amerikanischen Football-Gemeinde geworden. Einen großen Faktor macht dabei aus, dass die Michigan Wolverines, vor allem seitdem Coach Bo Schembechler im Jahr 1969 übernommen hatte, ein auch sportlich ernster Gegner für die Buckeyes sind.

Das Spiel ist bis heute auch immer eines, in dem es um die Vorherrschaft in der Big-Ten-Conference geht. Außerdem wird das Spiel häufig im November, also eher am Ende der Saison ausgetragen. Eine Niederlage wiegt hier gleich doppelt schwer. Spätestens mit der prominenten Ankunft Jim Harbaughs als Coach der Michigan Wolverines im Jahr 2015 hat das Matchup dazu noch den gewissen Promi-Faktor. Der mit Trophäen dekorierte Coach der Buckeyes Urban Meyer ist allerdings gegen die Wolverines weiterhin ungeschlagen.

Oklahoma Sooners – Texas Lognhorns (Texas, 62 Siege, 44 Niederlagen, 5 Remis)

Die Rivalität zwischen den Teams, die gleich zwei ganze Staaten repräsentieren. Bereits seit dem Jahr 1900 spielen die Oklahoma Sooners (Oklahoma war da noch nicht einmal eigener Staat) bereits gegen Texas (damals noch nicht „Longhorns"), oft mitten in der Saison. Ähnlich wie beim „Iron Bowl" ist es hier vor allem die geographische Nähe, die die Rivalität ausmacht. Da hilft es nicht besonders, dass es viele Absolventen der University of Oklahoma gen Süden zieht, um in Texas in der Öl-Industrie zu arbeiten.

Die „Red River Rivalry" wird im Cotton-Bowl-Stadium in Dallas ausgetragen. Ganz besonders ist hier, dass die Spieler durch einen gemeinsamen Tunnel von den Kabinen zum Spielfeld müssen, was nicht selten schon zu dem einen oder anderen Wortgefecht vor dem Spiel geführt hat. Gott sei Dank werden aber der Großteil der Emotionen erst vor den 92.200 Zuschauern entladen, die das Spiel live verfolgen können. Auch, wenn es in der langen Geschichte der Rivalität einige sehr eindeutige Spiele gegeben hat, so sind doch die meisten Begegnungen hart umkämpft und von nationaler Bedeutung. Das gilt vor allem dann, wenn beide Teams hoch in den nationalen Rankings stehen.

USC – Notre Dame (Notre Dame, 46 Siege, 36 Niederlagen, 5 Remis)

Manch eine Rivalität startet mit einer unvorhergesehenen Freundschaft. Im Jahr 1925, nachdem die Notre Dame Fighting Irish 17:0 in Lincoln gegen die Nebraska Cornhuskers verloren hatten, machten sich Coach Knute Rockne und seine Frau Bonnie mit dem Zug zurück auf nach Chicago, seiner Heimatstadt. Die unglaublich feindseligen Zuschauer in Lincoln müssen dem Coach in Erinnerung geblieben sein und vielleicht hat er sogar an sie gedacht, als der athletische Direktor der University of South Carolina Gwynn Wilson mit seiner Frau Marion zustieg. Dieser versuchte Coach Rockne davon zu überzeugen, die Rivalität mit den Huskers sausen zu lassen und dafür einmal im Jahr in den Westen nach Los Angeles zu kommen.

Währenddessen, so die Legende, freundeten sich die Ehegattinnen Marion Wilson und Bonnie Rockne in einem anderen Zugabteil relativ schnell an. Coach Rockne jedenfalls widerstand Wilsons Angebot, jedoch gefiel seiner Frau der Gedanke, die Freundin im Herbst in Los Angeles zu besuchen. Sie soll es also gewesen sein, die den Ehemann überzeugte. Die daraus resultierende Rivalität sorgte für unzählige Sportmärchen und in den Spielen zwischen den Trojans und der Fighting Irish spielten seither mehr Heisman-Trophy-Gewinner als in jeder anderen Rivalität.

Georgia Bulldogs – Florida Gators (Georgia, 49 Siege, 43 Niederlagen, 2 Remis)

Zuallererst ausgetragen im Jahr 1904, spielen die Georgia Bulldogs seit 1926 mit einer kriegsbedingten Unterbrechung im Jahr 1943 gegen die Florida Gators. Als Spiel, das bis heute noch auf neutralem Boden in Jacksonville ausgetragen wird, ist es eines der letzten seiner Art. Die meisten Rivalitäten werden wieder in den eigentlichen Stadien ausgespielt.

Was außerdem speziell an dieser Rivalität ist?
Die beiden Teams sind sich nicht einmal einig darüber, wie oft sie bereits gegeneinander gespielt haben. Die Gators behaupten, die beiden Teams hätten Stand 2017 erst 90 Mal gegeneinander gespielt, wohingegen die Geschichts-bücher der Georgia Bulldogs 91 Partien verzeichnen. Der Streitpunkt: Die 52:0 Niederlage der Gators im Jahr 1904 wird von eben jenen nicht mitgezählt, weil man offiziell noch kein Football-Team angemeldet hatte.

College-Football-Star = NFL-Star? Mitnichten!

Im Jahr 2016 gewann Lamar Jackson, Quarterback der Louisville Cardinals, die Heisman Trophy. Die Auszeichnung also für den besten individuellen College-Footballer des Landes. Trotzdem stritten nur eine Saison später die Experten und Scouts darüber, ob er ein NFL-Quarterback sei. Nicht wenige Fachleute raten dem Ausnahmeathleten gar den Positionswechsel auf Wide Receiver.

Dass es College-Football-Stars in der National Football League nicht zu einhundert Prozent schaffen, ist nicht erst seit Johnny „Football" Manziel bekannt.

Auch Manziel gewann, sogar bereits als Freshman, die Heisman Trophy. Verdient, denn wer in seiner ersten College-Football-Saison überhaupt mit 3.706 Yards und 26 Touchdowns durch die Luft und weiteren 1.410 Yards und 21 Touchdowns über den Laufweg erzielt, und außerdem einen beeindruckenden Sieg im Cotton Bowl 2013 über Oklahoma vorzuweisen hat, dem kann durchaus eine große Karriere beschieden sein.

Im Jahr 2014 erklärte Manziel nach seiner Sophomore-Saison, er wolle an der NFL-Draft teilnehmen und nicht

weiter zum College gehen. Die Cleveland Browns
wählten Johnny „Football" in der ersten Runde mit dem
22. Auswahlrecht.

Dort kam er über wenige durchschnittliche Starts leider
nicht hinaus. Viel eher fiel er in der nach einem
„Franchise-Quarterback" lechzenden Franchise vor allem
durch seine persönlichen Probleme auf (Arroganz) und
neben (Alkohol) dem Feld auf. Er kam zu spät zum
Training und erschien auf den amerikanischen
Boulevard-Internetportalen öfter als in den Sport-
Highlight-Shows. Die bizarre Athletik und explosive
Schnelligkeit also, die Manziel am College zu einem
absoluten Star und ebenso zu einer der ansehnlichsten
Shows im nationalen Sport gemacht hatten, übertrugen
sich niemals in die NFL.
Die Browns entließen Manziel im März 2016. Sein Agent,
Drew Rosenhaus, ließ den jungen Athleten vor allem
aufgrund des Alkoholproblems wenige Wochen später
fallen. Glücklicherweise sind diese Entwicklungen
zumindest augenscheinlich ein „Wake-Up-Call" für
Manziel gewesen. Im September 2016 ging Manziel
zurück an die Texas A&M, um sein Studium fortzusetzen.
Im Herbst 2017 finden Verhandlungen bezüglich
Manziels Aufnahme in die Canadian Football League
statt.
Das folgende Kapitel ist also genau jenen Spielern
gewidmet, die den Absprung nicht schafften.

Tim Tebow
**(Quarterback: Florida Gators,
Denver Broncos, New York Jets)**

Als Minor-League-Spieler der New York Mets (Baseball)
und SEC-Network-Experte ist Tim Tebow den meisten
doch weniger bekannt, als der Quarterback des
unglaublich erfolgreichen Teams der Florida Gators von
2006 bis 2010. Seine dekorierte College-Football-
Karriere brachte zwei nationale Meisterschaften und
eine Heisman Trophy hervor.

Seine muskulöse, für Quarterbacks eher untypisch breite
körperliche Konstitution erinnert eher an einen Tight
End oder Runningback, und dennoch hielt dieser Körper
Tebow nicht davon ab, für 9.285 Yards zu werfen und
weitere 2.947 zu erlaufen.

Insgesamt 145 Touchdowns in vier Jahren konnte Tebow
für sich verbuchen und dennoch, ähnlich wie bei Lamar
Jackson, waren Scouts skeptisch, als Tebow 2010 seine
Teilnahme für den NFL-Draft bekundete. Sein
unorthodoxer Spielstil, viele eher kraftbetonte
Quarterback-Runs, und wenig Scheu vor dem Kontakt,
sowie seine leicht ungewöhnliche Wurfbewegung ließen
Zweifel aufkommen, dass es Tebow auf dem NFL-Level
schaffen könnte.

Die Denver Broncos drafteten Tebow an 25. Stelle im Draft und seine Karriere startete vielversprechend. Er führte die Broncos zu einem 7-4 Record als Starting-Quarterback und gewann außerdem ein absolut dramatisches Wildcard-Playoff-Spiel in Overtime gegen die Pittsburgh Steelers.

Hier ist es vor allem der Unterschied in den sportlichen Nuancen der zwei Sportarten College-Football und Profifootball, der eine größere Karriere verhindert hat. Tebows Unfähigkeit, genaue, vor allem tiefe Bälle zu werfen, wurde dem Talent zum Verhängnis. Receiver am College haben schlichtweg deutlich mehr Raum zur Verfügung als NFL-Wide-Receiver.

Als die Denver Broncos 2012 Peyton Manning verpflichteten, wurde Tebow im Jahr 2013 nach nur zwei Starts entlassen. Tebow versuchte danach noch einmal bei den New England Patriots sowie den Philadelphia Eagles unterzukommen, überstand aber jeweils den großen Cut nach der Preseason nicht. Vielleicht schmiedet er ja schon an seiner zweiten Chance als Baseballspieler.

Trent Richardson
(Runningback: Alabama Crimson Tide,
Cleveland Browns, Indianapolis Colts)

Nicht nur Quarterbacks sind von einem karrieregefährdenden Tapetenwechsel in die NFL betroffen. Der Fall des Trent Richardson ist wohl einer der tiefsten aller College-Stars. Gelegen hat es hier vielleicht nicht an der sportlichen Perspektive, nicht an den großen „Off-Field-Problems", sondern eher an der organisatorischen Unsicherheit. Am Wechsel in die absolute Eigenständigkeit und in die Unstetigkeit, die einen ereilen kann, wenn man bei den Cleveland Browns landet. Zumindest dann, wenn man von einem der bestgeführten College-Programme unter der Führung von Nick Saban kommt.

Trent Richardson wurde im Jahr 2012 Dritter in der Heisman-Abstimmung hinter Andrew Luck und Robert Griffin III. Ebenfalls an dritter Stelle wurde er dann auch im Draft 2012 hinter diesen beiden Spielern von den Cleveland Browns ausgewählt. Vor allem war es die Saison 2011, die Richardson in den Draft-Vorhersagen in ungeahnte Höhen vorstießen ließ. Er erreichte 1.679 Yards und 21 Touchdowns in nur 13 Spielen, wurde im Anschluss an die Saison außerdem zum „SEC Offensive Player of the Year" ernannt.

Ein solcher Titel als Runningback in der „härtesten" Division im College-Football sagt eine Menge über dich als Sportler aus.

Seine Rookie-Saison bei den Browns ließ weiterhin Vielversprechendes hoffen: er rushte für 950 Yards und 11 Touchdowns. Daher überraschte ihn die Entscheidung, die die Browns 2013 nach seiner ersten soliden Saison trafen. Sie tradeten den First-Round-Pick zu den Indianapolis Colts.

Hier konnte Richardson nicht an seine zuvor gezeigten Leistungen anknüpfen und startete in den nächsten zwei Saisons nur noch 20 Spiele. In der gesamten Zeit konnte er nur noch 7 Touchdowns erzielen, bevor er im März 2015 entlassen wurde. Comeback-Versuche in Oakland bei den Raiders oder in Baltimore bei den Ravens scheiterten.

Brady Quinn (Quarterback:
 Notre Dame Fighting Irish, Cleveland Browns, Denver Broncos, Kansas City Chiefs)

Und wieder die Browns. Die Franchise sucht schon seit dem Wiedereinstieg in die NFL im Jahr 1999 einen wirklichen Grundstein auf der Quarterback-Position. In der Saison 2016 wurde Cody Kessler der bereits 26. Starting-Quarterback seitdem es die Browns gibt. Im Jahr 2007 sollte es Quarterback Brady Quinn sein, der für die Notre Dame Fighting Irish insgesamt 36 Rekorde gebrochen und in seiner Senior-Saison für sage und schreibe 39 Touchdowns geworfen hatte. Quinn hatte aber leider großes Verletzungspech, und spielte außerdem nicht konstant genug.

Schon in Woche 3 der Saison 2009 verlor er seinen Starting-Job an Derek Anderson, mit dem er von nun an Woche für Woche um den Platz kämpfen musste. In Woche 11 gegen die Detroit Lions schien ein weiterer Durchbruch zum Greifen nah. Quinn warf gegen die Detroit Lions 4 Touchdowns und gewann seinen Start-Posten zurück, nur um sich in der folgenden Woche dann den Fuß zu brechen. Brady Quinn wurde 2010 zu den Denver Broncos getradet, wo er seinen Job abermals verlor, diesmal gegen Kyle Orton. Zuletzt spielte er in Kansas City bei den Chiefs, wo eine ernsthafte Gehirnerschütterung seine Saison beendete.

JaMarcus Russell (Quarterback:
Louisiana State Tigers, Oakland Raiders)

Eine Liste der größten Enttäuschungen aus dem College-Football kommt wohl ohne JaMarcus Russell nicht aus, dem Quarterback, der als allererster Pick in der 2007 NFL-Draft von den Oakland Raiders gezogen wurde. Noch am College konnte Russell in drei Saisons an der LSU beinahe 62% seiner Pässe für 6.600 Yards anbringen. 2006 in das First-Team-All-SEC berufen, wurde er außerdem zum MVP des Sugar Bowls ernannt.

Mit den Raiders verlor Russell 7 seiner ersten 25 Starts und wurde im Mai 2010 entlassen. Ganz besonders verheerend war dabei seine Turnover-Rate: Der Quarterback warf 23 Interceptions und verlor 15 Fumbles.

Nachdem Russell Oakland verlassen hatte, versuchte er sogar 2016 noch einmal ein Comeback, indem er Teams seine Fähigkeiten kostenlos zur Verfügung stellte, jedoch ging nicht ein einziges Team auf dieses Angebot ein.

Vince Young & Matt Leinart
(Quarterbacks: Texas Longhorns, Tennesse Titans USC Trojans, Arizona Cardinals)

Zu guter Letzt soll von Vince Young und Matt Leinart die Rede sein. Zwei Quarterbacks, die eines der größten College-Football-Spiele aller Zeiten verbindet. Am 04.01.2006 spielten die Texas Longhorns gegen die USC Trojans um die nationale Meisterschaft im College-Football. Das Spiel strotzte vor Talent auf beiden Seiten des „Gridiron". Reggie Bush, Pete Carroll, Jamaal Charles, Steve Smith, Brian Orakpo, Brian Cushing, Rey Maualuga – alle schafften es, sich später einen Namen in der NFL zu machen. Die eigentlichen Stars der Partie jedoch waren beide zuvor genannten Quarterbacks. Matt Leinart warf in nur drei Saisons an der USC für unglaubliche 10.693 Yards, erzielte 99 Touchdowns, gewann 37 von 39 Spielen und zwei nationale Meisterschaften sowie die Heisman Trophy 2004.

Vince Young hingegen war eben genau der Quarterback, der es vermochte, Leinart zu schlagen. Young brachte 30 seiner 40 Passversuche für 267 Yards an und erlief über 19 Versuche insgesamt weitere 200 Yards und 3 Touchdowns.

Beim Spielstand von 39:33 für die USC Trojans und 26 Sekunden verbleibend im vierten Quarter war es jener Vince Young, der den Ball zum entscheidenden Touchdown einlief.

Young wurde 2006 an dritter Stelle von den Tennessee Titans gedraftet und erspielte sich in der Spielzeit 2006 den Titel des „NFL Rookie oft the Year" und sogar die Ehre, auf dem Cover der 2008er-Version der Videospielreihe „Madden NFL" zu erscheinen. Dann waren es Verletzungen, die der Diskussion um den sagenumwobenen „Madden-Curse", der eben jene Spieler heimsucht, die auf dem Cover erscheinen, neu anheizten. Vor allem waren sie aber dafür verantwortlich, dass die Karriere des Vince Young merklich an Fahrt verlor.

Matt Leinart hingegen, der nur wenige Picks später im Draft 2006 an zehnter Stelle von den Arizona Cardinals gezogen wurde, konnte seine Karriere nie richtig starten. In seiner ersten Saison kam der College-Start gerade einmal auf 2.547 Yards bei 11 Touchdowns und 12 Interceptions. Schon in seiner zweiten Saison wurde der Athlet von Veteran Kurt Warner abgelöst. Davon erholte sich seine NFL-„Karriere" nie mehr.

Fazit: Warum College-Football?

In den vergangenen Kapiteln wurde versucht aufzuzählen, warum der NCAA-College-Football etwas ganz Besonderes ist. Mir selbst fiel bei der Bearbeitung einmal mehr auf, dass es der Sport in seiner „reinen" Form ist, der mich persönlich begeistert. Würde man mich nach Namen aus dem 2017er Roster der Philadelphia Eagles abfragen, so hätte ich wohl keine großen Probleme, annähernd jede Position abzuklappern. Selbst bei den College-Teams jedoch, die ich regelmäßig schaue, fiele mir das schwer.

Es sind eben, ausgenommen die jungen Männer, die schon jetzt Star-Status genießen und die für den kommenden Draft unter großer Beobachtung stehen, nicht die Namen, die den College-Football ausmachen.

Die große Variation an Spielsystemen und Spielertypen begeistert mich mehr als es jeder eingebildete NFL-Receiver mit dem noch so tollsten Catch jemals könnte.

Ich empfinde die Auswahlmöglichkeiten an einem College-Football-Gameday als um ein Vielfaches größer, als es in der NFL der Fall ist. Wenn ich beispielsweise Lust habe, ein ausgefallenes Laufspiel zu scouten, dann schaue ich mir ein Spiel der Navy oder der Georgia Tech an.

Mit einer „Pro-Style-Spread-Offense" können die Clemson Tigers aufwarten. Wer eine dominante Defense in Aktion sehen will, der kann sich Jim Harbaughs Wolverines anschauen und die wohl beste Show im College-Football 2017 ist Lamar Jackson, Quarterback der Louisville Cardinals.

Es sind die einzelnen Programme, die sich über eine kontinuierliche Arbeit einen Ruf erarbeiten und in Erinnerung bleiben. Gerade weil gefühlt jedes Jahr Schlüsselspieler ersetzt werden müssen, ist das Spielsystem der König. Als junger deutscher Football-Coach kann ich am College außerdem beobachten, wie erfahrene Football-Lehrer mit jungen Spielern umgehen und wie sie aus den unterschiedlichsten Puzzleteilen ein Ganzes zusammenfügen.

Das geschieht gerade hier an der Hochschule nun mal unter oben beschriebenen komplett anderen Vorzeichen, als es in der NFL der Fall ist. Gerade in meinen ersten Saisons war ich sehr inspiriert vom sportlichen System, aber auch von der Philosophie Chip Kellys, Trainer der Oregon Ducks von 2007–2012. Dessen Versuch, sein straffes Programm mit gutbezahlten Profis durchzuziehen, scheiterte in Philadelphia und San Francisco.

Ich empfinde die Echtheit und Tradition, die der College-Football ausstrahlt, als ungemein anschlussfähig für den europäischen Sport-„Markt". Hier ist man das Franchising im Sport noch nicht gewohnt, die Universitäten mit ihren Teams sind den hiesigen Ortsvereinen, in dem, was sie nach außen an Identifikation anbieten, deutlich näher.

Dass die Spieler diese besondere Zeit nie vergessen, sieht auch der geneigte NFL-Zuschauer, wenn beispielsweise Solomon Thomas auf Christian McCaffrey trifft, die beide in Stanford zur Schule gegangen sind.

Ich hoffe, ich konnte diese Faszination, die ich für den Sport teile, weitergeben und dazu motivieren, in Zukunft auch am Samstagabend einzuschalten, wenn das Leder-Ei durch die brechend vollen Stadien fliegt oder getragen wird. Wenn studentische Zuschauerblöcke ausflippen, weil der haushohe Favorit vom kleinen College geschlagen wird. Wenn Tiere mit aufs Feld laufen und Kriegsmaschinerie das Spielfeld überfliegt. Wenn Ausnahmeathleten „Videospielperformances" aufs Feld zaubern und blinde Snapper das Field Goal vorbereiten.

Reinschauen lohnt sich!

Die MISSION RANDBREITEN:

Wir wollen nicht die 41. Dirk Nowitzki Biografie auflegen. Wir wollen auch nicht Lothar Matthäus, Philipp Lahm oder Kevin Großkreutz verpflichten.

Wir wollen für euch und uns Stories auflegen, die neu sind, unverfälscht und vielleicht noch nie richtig erzählt wurden.

Wir wollen denen das Wort erteilen, die nicht in Sportbild, Sportschau und Gala ständig erwähnt werden.

Randbreiten =
Sport_Literatur vom PASSIONIERTEN für den Fan.

Alex von Kuczkowski

mit Gastbeiträgen von Björn Werner
und Carsten Spengemann

„In diesem Buch geht es nicht um Spielzüge und Taktik.
Es geht vielmehr um einen Blick hinter die Kulissen.
Die NFL ist wie eine TV-Serie. Jeden Tag passiert was Neues,
was Anderes, oft auch was Einzigartiges. Was Unfassbares.
Was Unvorhergesehenes. Wenn man in die Welt der NFL
eintaucht, gehört Popcorn dazu.“

ISBN Taschenbuch: 978-3-947166-00-8
ISBN eBook: 978-3-947166-50-3

Roman Motzkus

Die Biografie des bekannten #**ranNFL**-Statistikexperten
und ehem. Nationalspielers

„Ein Fumble, ein freier Ball, den jeder sichern und aufnehmen kann. Ich traf die folgenschwere Entscheidung den Ball nicht nur zu sichern, sondern ihn aufzuheben und weiterzurennen. Dabei gab es zwei Probleme: 1. So ein Football springt leider recht unkontrolliert hin und her, und 2. hatte ich die drei Monheimer Verteidiger hinter mir nicht gesehen..."

ISBN Taschenbuch: 978-3-947166-01-5
ISBN eBook: 978-3-947166-51-0

Bildrechte und Urheberschaft:

Coverbild: **Agentur Witters**

Frontispiz: **Johannes Busley**

S. 110   :   **Nils Müller**